KB262303

묵상과 기도 6

뒤돌아보면 거기 계시는 주님

저자 소개

오승재

1933년 전남 강진 출생. 한남대학교를 거쳐 북 텍사스 주립대학에서 박사학위를 받았다. 현재 한남대학교 명예교수이며, 한국기독교문인협회 고문, 장로문인협회 부회장으로 활동 중이다. 1959년 한국일보 신춘문예 소설 부문 당선, 한국문학비평가협회 작가상 수상, 제9회 장로문학상 수상 경력이 있다.

주요 저서로는『오 신실하신 주』(간증),『화끈한 예화』,『한국선교이야기』(역서),『개구리 왕국』(콩트집),『인돈 전기』(전기, 공저),『신 없는 신 앞에』(단편집),『묵상과 기도』(1, 2, 3, 4, 5) 등이 있다.

표지 디자인

오근재

홍익대 조형대 4, 5대 학장 역임
서울 디자인센터 초대 대표이사 역임
대한민국 산업디자인전 초대작가
2003 디자인진흥대회 대통령상 수상
현재 홍익대학교 은퇴 교수
저자의 셋째 동생

묵상과 기도 6

뒤돌아보면 거기 계시는 주님

초판1쇄 인쇄 2011년 12월 5일 | **초판1쇄 발행** 2011년 12월 13일
지은이 오승재 | **펴낸이** 최종숙
책임편집 전희성
편집 이태곤 임애정 | **디자인** 안혜진 | **마케팅** 박태훈 안현진
펴낸곳 글누림출판사
등록 제303-2005-000038호(등록일 2005년 10월 5일)
주소 서울시 서초구 반포4동 577-25 문창빌딩 2층
전화 02-3409-2055(편집) 02-3409-2058(영업) | **FAX** 02-3409-2059
홈페이지 www.geulnurim.co.kr | **이메일** nurim3888@hanmail.net
ISBN 978-89-6327-184-2 03230
정가 9,800원

* 잘못된 책은 교환해 드립니다.

묵상과 기도 6

뒤돌아보면 거기 계시는 주님

오승재

추천의 말씀

이중수 목사

여기 실린 오승재 장로님의 글들은 지금까지 나온 [묵상과 기도] 시리즈의 글들처럼 여러 가지 좋은 특징들을 지니고 있습니다.

첫째, 성경 본문에 대한 묵상이 실생활에서 일어나는 이야기들과 조화를 이루며 쉽고 재미있게 펼쳐집니다. 강단의 설교가 아니지만 장황하고 유식한 내용의 설교보다 오히려 진솔하게 본문의 의미를 실제적으로 파악할 수 있게 합니다.

둘째, 솔직하고 해학적입니다. 저자 자신의 부족함과 어리석음을 정

* 이중수 목사는 1980년대 초부터 강해서를 집필하기 시작했고 목회자들을 비롯하여 신학생과 평신도들에게 성경강해의 진면목을 알리는데 기여했다. 그는 한국성서유니온의 창립이사를 역임했고 영국의 Capernwray 신학교와 London Bible College를 졸업했다. 현재는 『양들의 식탁』을 발행하면서 저술과 강해설교 세미나 강사로 섬기고 있다.
  저서로는 「하나님의 돈」, 「헌금이야기」, 「여백의 하나님」, 「믿음의 정상」, 「선지자의 침묵」, 「하나님의 사람들」, 「슬픔이 변하여 춤으로」, 「주기도문」, 「시편23편」, 「여호와 이레」, 「갱신된 교회의 모델」 등이 있으며 역서로는 「구원의 핵심」, 「복음의 핵심」, 「주님은 나의 최고봉」 등이 있다.

직하게 고백합니다. 과장이나 군소리가 없고 허세나 위선으로 포장된 자기선전이 없습니다. 그래서 간증에 힘이 있습니다. 때로는 찌르는 말이 비쳐도 거의 의식하지 못하고 지나갈 정도입니다. 해학적인 언어 속에 진실을 담아 놓았기 때문입니다. 그러나 웃다가 보면 그 이야기 속에 참으로 들어야 할 교훈이 있음을 알게 됩니다.

셋째, 이 글들은 이슬비와 같습니다. 소나기처럼 마구 퍼붓지 않습니다. 장맛비처럼 지루하지도 않습니다. 우리들의 교회 현실과 신앙생활에 대한 반성과 도전이 있지만 권위적이거나 독단적이지 않습니다. 추상적인 두덕 강좌나 판에 바친 적용이 없습니다. 조용히 내리는 이슬비이기에 위협을 느끼지 않습니다. 한 편씩 읽어가는 글 속에서 현실을 생각하게 하고 하나님과의 관계를 돌아보게 합니다. 이슬비는 맞아도 해롭지 않습니다. 오히려 뜻 없이 걷는 인생의 길을 생각하며 걷게 합니다. 조용하고 겸손히 내리는 말씀의 이슬비들을 오늘의 삶을 위한 묵상의 잔에 담아 보십시오. 거칠고 메마른 이 세상의 순례에서 위로와 기쁨이 될 것입니다.

넷째, 짧은 글은 긴 글보다 고도의 문장력과 짜임새를 요구합니다. 우리나라에 기독교 문인으로서 이처럼 평범한 언어로 성경 본문을 놓고 재미있고 유익하게 진술할 수 있는 분이 계신 것은 매우 감사한 일입니다. 본 시리즈를 읽는 분들은 언제나 다음 편을 기다렸을 것입니다. 이제 또 한권의 묵상집이 나온 것을 축하하며 독자 여러분께 기쁜 마음으로 추천합니다.

머리말

이번에 '묵상과 기도 6'을 내게 됩니다. 묵상집을 내는 것은 참 부끄러운 일입니다. 경건한 신앙인이라 할지라도 자기의 사적인 신앙생활이 노출되는 것을 꺼려하는데 제가 성경을 어떻게 읽고 있으며 어떤 신앙생활을 하고 있는가 하는 것을 적나라하게 보여주려 하다니 이게 있을 수 있는 일입니까?

그런데 저는 어리석게도 6년 전부터 그런 일을 부끄러운 생각도 없이 해 왔습니다. 성경을 묵상한 것을 그저 적어놓고 싶어졌습니다. 노트를 해 놓지 않으면 한순간의 생각으로 지나쳐 버려서 제가 주님이 말씀하는 '새사람으로 거듭 날 수 없다'고 생각했기 때문입니다. 지금은 의무적으로 매주 한 꼭지씩은 적어 놓지 않으면 서운해서 그냥 지나칠 수가 없게 되었습니다. 혼자서 소꿉장난을 하고 있는 것처럼 외롭기도 했습니다. 누군가가 제가 놀고 있는 곳에 와서 들여다보면서 훈수라도 두어 준다면 얼마나 흥겨울까 하는 생각도 했습니다. 고독한 몸짓일지라도 저는 이런 묵상을 통해 조금씩 신앙이 성장하여 주께 매일 한 걸음씩 더 가까이 가게 된다고(Nearer, my God, to Thee) 확신하며 살고 있습니다. 허황한 생각일까요?

　지금도 무속신앙의 범주를 벗어나지 못해 신유의 은사와 무병장수와 삶에 이적을 구할 뿐 아니라 세상이 교회를 향해 손짓하면 그 유혹을 이기지 못해 영혼 구원이라는 핑계로 그 속으로 뛰어들어 성별되어야 할 교회를 세상의 장터로 만들어 버리기 쉬운 이때 비록 신학자와 목회자가 아니라 할지라도 각 평신도가 자기 수준에서 말씀묵상을 하며 산다는 것은 보람 있는 일이 아닐까 생각합니다.

　인용한 성구는 특별한 경우를 제외하고는 독자의 이해를 돕기 위해 『표준새번역』을 선택했습니다.

　귀한 추천의 글을 써 주신 이중수 목사님과 출판을 맡아 주신 글누림 출판사의 최종숙 사장님께 감사를 드립니다.

2011년 12월

저자 오승재 올림

차 례

묵 상

기 도

창 작

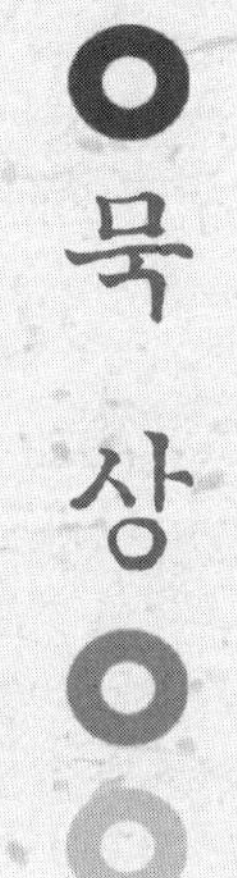
묵
상

뒤돌아보면 거기 계시는 주님

사람이 무엇이기에 주께서 이렇게까지 생각하여 주시며, 사람의 아
들이 무엇이기에 주께서 이렇게까지 돌보아 주십니까?

시 8:4

아내는 큰 사진 앨범을 이벤트나 여행 순서대로 정리해서 20권
이상 가지고 있습니다. 나이가 들면 먼저 사진부터 버려야 한다는
데 아내는 더 열심히 사진첩을 정리하고 있습니다. 언제, 어디를,
어떻게, 왜 여행했는지 연도와 시간과 지명을 얼마나 정확하게 기
억하는지 놀라울 정도입니다. 늙어서 과거에 파묻혀 살고 싶어서
그러는 것일까요? 그러나 정반대입니다. 우리를 향하신 하나님의
사랑은 앞으로 달릴 때는 깨달을 수 없으며 뒤돌아볼 때만 깨달을
수 있기 때문에 사진첩으로 과거를 돌아보며 하나님께 감사하고
찬양합니다. 이것은 또 앞날에 하나님께서 저희에게 베푸실 이적

을 기대하며 오늘을 행복하고 충성스럽게 사는 힘이 됩니다.

저도 과거를 돌아보며 제가 무엇이기에 주께서 이렇게 생각하여 주셨는지 감동합니다. 저는 1981년 9월부터 1983년 6월까지 미국 텍사스의 시골 브라운우드에 있는 작은 대학에서 조교수로 근무한 일이 있습니다. 그때의 이야기를 저는 식상할 정도로 자주 하는 편입니다. 그러나 저는 그때를 생각해야 힘이 납니다. 대학에서 공부를 마치고 논문만 남겨 놓고 있을 때였습니다. 저는 그 대학에 채용이 되었는데 당시 외국인이요, 학위도 없었고, 영주권도 없었습니다. 그런 제가 그곳에 조교수로 채용된 것은 첫 번째 기적이었습니다. 그 시골에서 한인 교회까지는 두 시간 반이 걸리는 거리여서 그것 때문에 장로 장립을 거부했는데 다음해에 저는 또 장로 장립을 받았습니다. 이것이 두 번째 기적입니다. 자동차의 주행거리계가 한 바퀴는 돌아버린(10만 마일) 중고차를 타고 다녔는데 고장이 나지 않았고 꼭 한번 중도에 멈추어 선 일이 있었습니다. 차가 섰을 때 지나가던 천사가 차를 멈추고 고쳐 준 뒤에 얼마 동안 우리가 가는 길을 같이 따라오다가 돌아간 일도 있었습니다. 세 번째 기적입니다.

아내는 건강했으며 저는 거기서 영주권을 받고, 학위논문을 완성한 것이 네 번째 기적이며 하나님의 은혜였습니다. '어빙젠센의 성경 연구 시리즈'로 성경 자습을 이곳에서 했습니다. 하나님을 향해 눈을 뜨게 된 곳입니다.

이렇게 과거를 돌아볼 때마다 저는 뚜껑 없는 트럭의 짐칸에 역방향 석으로 앉아 멀리 멀어져 가는 경치, 즉 현재가 과거가 되는 모습을 보는 것입니다. 그리고 거기서 저에게 기적을 행하셨던 하나님을 봅니다. 살아온 삶의 기적과 은총은 "제가 무엇이기에……"라는 생각과 함께 살아갈 삶의 기적과 은총을 기대하는 원동력이 됩니다.

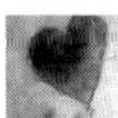 **기도**

하나님, 살아오면서 체험한 기적으로 살아갈 날 동안 주를 찬양하며 은혜를 잊지 말게 하시기를 빕니다. 아멘.

주여, 자비를 베푸소서

저희는 모두 땅에 엎어졌습니다. 그때에 히브리 말로 저에게 '사울아, 사울아, 너는 어찌하여 나를 핍박하느냐? 가시 돋친 채찍을 발길로 차면, 너만 아플 뿐이다' 하고 말하는 소리를 들었습니다.

행 26:14

바울은 예수를 미워하고 기독교인을 핍박하던 사람이었습니다. 그러나 다메섹 도상에서 예수님의 음성을 듣고 회개하여 이방인의 사도가 되었습니다. 주의 음성을 듣고 주께 돌아온 사람은 복된 사람입니다. 그러나 그렇게 할 수 없는 사람이 많습니다.

제 동생은 1950년 9월에 인민군으로 차출되어 이북으로 가게 되었습니다. UN군의 인천 상륙 작전 때 후퇴하여 북한으로 가게 된 그는 거기서 군 복무를 마치고 제대하여 귀성열차를 탔습니다. 그러나 고향이 없던 그는 무작정 평양역에 내려 부모도, 형제도, 친척도 아무도 없는 이북 땅에 혼자 버려진 고아인 것을 뼈아프게 느꼈습니다. 건설 현장에 뛰어들어 난방관을 조립하면서 지내는 합숙소에서 가끔 시를 써서 발표한 것이 인정되어 작가동맹에서 그를 작가학교에 입학시켜 훈련을 시켰습니다. 출판물에 자기 시가 실린 것을 볼 때마다 그는 기쁜 것이 아니라 작품을 보여 줄 어머니가 없고 자기를 칭찬해 줄 어머니가 없어 만경대로 나가 잔디밭을 뒹굴며 울었습니다. 작가로 인정을 받고 평양시 만경대 구역의 작가 촌에 살면서 1989년, 1995년에 김일성 상도 받았지만 늘 가슴 한 구석이 허전했습니다. 1990년 북에서 열린 범민족대회에 재미교포인 김영희 민문예협(민족문화 예술인협회) 회장이 회원들과 자기 집에 왔을 때는 술을 마시고 많이 울었습니다. 어렸을 때 남한에서 불렀던 모든 노래, 심지어 모든 동요와 국민학교(초등학교) 졸업식 노래까지 다 불렀습니다. 이 이야기가 부모 이름과 함께 남한의 한겨레신문에 실리게 되어 우리는 동생의 생사를 확인했습니다. 그는 또 간접적으로 어머니의 소식을 듣고 사모곡을 썼습니다.

생존해 계시다니 고맙습니다. …… 어머니 없는 자식이 없건만, 태어나 젖을 물며 제일 먼저 배운 말이 어머니건만 저에게는 부르다만 이름입니다. …… 늙지 마시라 어머니여, 이날까지 늙으신 것도 가슴 아픈데 통일이 되는 날까지 만이라도 늙지 마시라. 기어이 세월이 흘러야 한다면 내 어머니 몫까지 한 해에 두 살씩 먹으리. ……

2000년 8월 15일 제1차 남북이산가족 상봉 때는 어머니가 세상을 떠난 지 5년 뒤였습니다. 상봉 전 그는 그 사실을 알고 이북에서 추모시를 썼습니다.

머리맡에서 어머니의 임종을 지켜드린 형님이여, 어머니께서 눈을 감으시기 전에 제 이름을 부르시지 않습데까? …… 죽어서 가는 다른 세상이 있고, 어머니가 그 세상에서 다시 살게 되신다면 내 어머니 간 길을 찾아가리다. …… 그 세상엔 분계선이 없을 것 아닙니까? …… 어머니 가시니 그리움도 갑니다. 두고 온 남녘에는 혈육들이 많아도 나를 낳아 젖을 먹여 키워주신 어머니만큼 그리운 이 있겠습니까…….

상봉이 끝나고 떠나기 전 어머니 묘소라도 들리게 해 달라고 당국에 간청했지만 허사였습니다. 우리는 그에게 형제 만난 것으로 만족하라고 위로했더니 별 여섯이 달 하나와 같겠느냐고 말하며 안타까운 표정으로 떠났습니다. 그의 유일한 희망은 형제와 함께 사는 남북통일이었습니다. 그는 고은 선생과 통일의 합작시를 신문에 발표하고 떠났습니다.

그런데 2011년 10월 23일에 그는 갑상선 암으로 세상을 떠났습니다. 남쪽에 있는 이산가족인 우리는 망연자실하였습니다. 가 볼 수도 없고, 전화도 안 되고, 편지도 안 되며, 유가족에게 부의금도 보낼 수가 없습니다. 그는 지금 하나님 품에 있는 어머니도 볼 수 없는 스올陰府로 내려갔을 것입니다. 저는 어리석음을 무릅쓰고 주님께 간구합니다. "그렇게 보고 싶던 어머니를 지상에서 보지 못했으니 하늘나라에서는 제발 만나게 해 주십시오. 안 믿고 죽었으니 서로 딴 세상으로 갔을 게 아닙니까? 마지막 백보좌의 심판에 하나님께서는 신·불신자를 다 모으시고 양과 염소를 가르시는데 그때라도 만나게 해 주십시오."

저는 선교사들을 배교하게 하기 위해 예수의 사진을 땅에 놓고 밟고 걸어가게 했다는 글을 읽은 일이 있습니다. 순교 아니면 배교를 결정하도록 강요당한 것이지요. 살기 위해 사진을 밟아야 하는 한 선교사에게 예수님의 음성이 들렸다 합니다. "밟고 지나가라.

나는 밟히기 위해 존재한다.” 예수님은 밟고 지나가는 배교자를 용서 하시겠다는 말이 아니겠습니까? 예수를 믿지 못하게 하는 공산 치하에서 고통 받고 살다 죽은 불신자였던 제 동생도 주께서 용서 하시고 그에게 자비를 베푸시기를 감히 간구합니다.

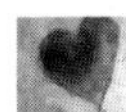 **기도**

하나님, 주께 돌아올 수 없었던 동생을 용서하시고 어머니를 만나지 못해 애타게 살다 간 동생이 천국에서나마 어머니를 만나게 해 주시기를 간구합니다. 아멘.

머리와 몸

하나님이 말씀하시기를 "내가 온 땅 위에 있는 씨 맺는 모든 채소
와 씨 있는 열매를 맺는 모든 나무를 너희에게 준다. 이것들이 너희의
먹을거리가 될 것이다."

창 1:29

30여년 만에 수녀인 제자를 만나게 되었습니다. 1973년에 제가
봉직하던 수학과를 졸업한 유일한 수녀였었는데 만학이었던 그녀
나이가 벌써 70이 다 되어 있었습니다. 지금은 강원도의 깊은 산골
수녀원에서 두 수녀가 자갈밭을 개간하여 1,000여 평의 논을 만들
고 농사일을 하고 있습니다. 그녀의 철학은 '머리를 쓰지 말고 몸
을 쓰라.'는 것이었습니다. 머리는 쓸수록 하나님으로부터 멀어지
고 몸은 쓸수록 하나님께 가까워진다는 것입니다. 처음에는 무슨
말인지 이해를 하지 못했습니다. 예수님과 가까워지기 위해 성경
통독을 하고, 성경공부를 하고, QT를 하고, 또 경건의 훈련을 하기

위해 치밀한 일과표를 짜는데 그럴수록 하나님으로부터 멀어진다는 것입니다.

생각해보면 예수님께서는 이 땅에 오셔서 33년 동안에 하나님께서 맡기신 구원의 큰 사역을 마치셨는데 공생애 3년 동안도 머리를 쓰지 않고 몸을 쓰신 것 같습니다. 마스터플랜이 없었습니다. 지금 같으면 세계 인류 구원을 위해 제자는 언제 택할 것인지, 그들은 어떻게 훈련할 것인지, 하나님의 아들임을 보이기 위해 이적은 어떤 것을 언제 행할 것인지, 바리새인과 서기관들의 고정관념들을 어떻게 바로잡아 놓을 것인지 머리를 써서 연구하셨을 텐데 그러지 않으신 것 같습니다. 물로 포도주를 만드는 이적도 어머니의 말씀 때문에 어쩔 수 없이 했으며 바다를 잔잔케 하는 것이나 물 위를 걷는 것도 계획적이 아니고 우발적인 일처럼 보입니다. 그분은 머리를 써서 계획하신 것이 아니고 몸으로 하나님 뜻에 순종하는 일만 하셨다는 생각이 듭니다.

서양 사람들이 과학적이고 합리적이고 이성적이며, 동양 사람들이 명상적이고 신비적이며 감성적이라면 예수님은 어쩔 수 없는 동양 분인 것 같습니다. 그분은 "세상의 미련한 것들을 택하사 지혜 있는 자들을 부끄럽게 하신다(고전 1:27)."고 세상의 지혜를 탐탁지 않게 생각하셨습니다. 또 머리를 굴려 재산과 영생을 동시에 갖고자 하는 자에게 "있는 것을 다 팔아 가난한 자에게 주고…… 자기를 따르라(막 10:21)."고 말씀하셨습니다. 또한 측은한 마음이 없이 권좌에 앉아 기득권만을 주장하는 바리새인들에게 "(천국에) 너희도 들어가지 않고 들어가려 하는 자도 들어가지 못하게(마 23:13)."하는 자들이라고 꾸중하셨습니다. 우리 인간은 태어나면서부터 자기가 얼마나 어리석은 자인지 모르는 자들인데 그런 본래의 모습을 지식으로, 부귀로, 권력으로 위장하며 더욱 예수님으로부터 멀어지는 것이 아닐까요?

하나님께서 "씨 맺는 모든 채소와 씨 있는 열매를 맺는 모든 나무"를 인간에게 주시면서 이것이 너희의 먹을거리가 되리라고 말한 것은 하나님께서 창조하신 만물을 일하면서 다스림으로 하나님의 창조사역을 아름답게 마무리 하라는 말씀으로 듣고 따르는 것이 주님께 가까워지는 길이라고 생각합니다.

내가 아는 수녀는 휴대전화도 터지지 않고 인터넷도 없는 산 중에서 일어나면 풀 냄새와 땅 냄새를 맡으며 머리가 아닌 몸을 써서 하나님께 순종하며 일하고 있습니다. 그것이 하나님과 동행하는 길이 아닐까요?

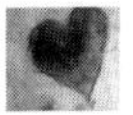 **기도**

하나님, 머리는 하나님을 거역합니다. 몸으로 주께 순종하는 것을 배우게
해 주십시오. 아멘.

상을 위한 경주

그런즉 내 상이 무엇이냐 내가 복음을 전할 때에 값없이 전하고 복음으로 말미암아 내게 있는 권리를 다 쓰지 아니하는 이것이로다(개역개정).

고전 9:18

2011년 대구 세계육상선수권대회는 9월 4일에 폐막되었습니다. 이 경기를 보면서 저는 바울 사도가 자주 언급했던 '경주'란 말을 떠올렸습니다.

"……모든 무거운 것과 얽매이기 쉬운 죄를 벗어 버리고 인내로써 우리 앞에 당한 경주를 하며 믿음의 주요 또 온전케 하시는 이인 예수를 바라보자.……"

히브리서 12장 1, 2절에 있는 말씀을 제가 처음 대했을 때 저는 우리 믿는 사람들은 인내하며 천국에 들어가는 경주를 하고 있는 것이라고 생각했습니다. 그런데 얼마 동안 교회에 다니면서 구원을 얻은 사람은 누구나 천국에 들어가기 때문에 예수를 구주로 영접하고 구원을 얻으면 경주하지 않고도 값없이 모두 천국에 들어간다는 것을 알게 되었습니다. 그래서 여기서 언급하는 경주는 구원을 얻은 사람들에 대한 것임을 알게 되었습니다. 구원을 얻었으면 그만이지 무엇 때문에 또 힘겨운 경주를 해야 합니까? 그런데 바울은 구원을 얻기 위해서가 아니라 "하나님이 위에서 부르신 상을 위해서(빌 3:13)" 달리는 것이라고 합니다. 즉 이 경기는 구원 받은 사람들이 상 받기 위한 것입니다. 그리고 이런 상을 받을 사람은 오직 한 사람 뿐(고전 9:24)이라고 말합니다. 제가 우사인 볼트(자메이카의 초인적 육상 선수)도 아닌데 한 사람만 상을 받는 경주에 나설 수가 있을까요? 바울은 한 마디 더 붙입니다. 세상 사람들은 썩을 면류관을 얻고자 하지만 우리는 썩지 아니할 관을 얻고자(고전 9:25) 한다는 것입니다. 고린도 근방에서는 2년에 한 번씩 경기가 개최되었는데 거기서 주어지는 면류관은 월계수나 솔잎으로 만든 화관이었다고 합니다. 그런데 우리는 이런 썩어 없어질 관이 아니라 영원히 썩지 않을 관을 얻기 위해 경기를 한다는 것입니다. 도대체 이런 상은 어떤 것일까요? 바울은 "내 상이 무엇이냐?"고 자문하면서 "내가 복음을 전할 때에 값없이 전하고 복음으로 말미암아 내게 있는 권리를 다 쓰지 아니하는 이것이로다.”라고 답하고 있습니다. 분명 화려한 면류관을 말하지 않고 있습니다. 자기는 예수를 핍박하다가 강제로 붙들려 이방인에게 복음을 전하도록 사명을 받은 그리스도의 종이 되었기 때문에 좋은 상을 받을 자격이 없다는 것입니다. 다만 그가 이 세상에서 할 수 있는 경주는 돈 때문에 복음을 전한다는 말을 듣지 않도록 자기에게 주어진 권리를 다 쓰지 않고 밤낮으로 일하면서 하나님의 복음을 전하는 일이었습니다. 그 복음을 듣고 믿음이 확고해진 신도들이 주께서 재림할 때 그와 함께 주 앞에 서 있는 것을 보면 그들이야 말로 자기의 면류관이라(살전 2:19)고 말합니다. 이것이 바울이 받고 싶은 썩지 아니할 면류관이었습니다.

우리는 1등 상을 받으려는 경주를 하는 것이 아닙니다. 구원 받은 우리는 이 세상에서 소명을 따라 피 나게 경주를 하되 상은 하나님께서 주십니다.

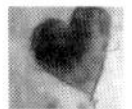 **기도**

하나님, 주께서 맡기신 사명을 다하기 위해 경주하게 해 주십시오. 주님 앞에 설 때 제 한 일은 주께서 판단해 주심을 믿게 해 주십시오. 아멘.

잔재주와 비전

> 그러나 예수께서는 그들에게 말씀하셨다. "내 아버지께서 이제까지 일하시니, 나도 일한다."
>
> 요 5:17

1960~70년대에 한국의 선교사로 와 있던 구바울(Paul S. Crane, 예수병원 원장)박사가 쓴 Korean Pattern(「한국의 문화 이야기」로 번역됨)에 보면 한국 사람은 기지奇智가 뛰어나며 자신감이 넘치는 민족이라면서 다음과 같은 이야기로 당시의 한국인을 평하고 있는 것을 볼 수 있습니다.

새로운 도구나 기계 또는 복잡한 현대 기기를 만나면 보통 한국인은 그것의 한계를 시험하려고 대책 없이 대든다. 그는 가끔 무언가 소리를 내며 고장이 날 때까지 한계를 넘어 실험한다.

다음에는 그것을 분해해서 내용을 탐사하며 조각을 맞춘다. 그 뒤로는 접착제와 고무 밴드와 짐짝을 묶는 철사로 최적의 효율을 유지할 수 있도록 만들어 놓는다. 다른 나라 같으면 풀이 우거진 폐차장에 있어야 할 차가, 한국에서는 울퉁불퉁한 길을 원설계자가 생각할 수도 없는 중량초과의 짐을 싣고 신나게 달릴 수 있게 만들어 놓을 수 있다. 예를 들면 1950년 북한군이 후퇴하면서 버리고 간 트럭이 십육 년 후에도 국가의 상품들을 나르고 있는 것이 그 증거다. 버려진 공장의 벽에 있는 더러운 구멍에 선반旋盤을 장치하고 젊은이는 부서진 차가 필요로 하는 정확한 부품을 주변에 있는 쇳조각을 주워서 만든다.

이렇게 우리나라 사람들은 기발한 지혜가 풍부하다고 말하고 있습니다. 이런 지혜로 우리나라 중소기업들은 1960~70년대의 가난을 극복하고 세계 20위의 경제대국을 만든 것입니다. 그러나 이 기발한 지혜가 자기의 유익만을 위해서 쓰일 때는 나라를 망하게 할 수도 있습니다. 이런 기지는 급해지면 남의 지적 소유권을 표절하기도 하며, 경쟁자를 짓밟고 중상모략을 하기 위해 쓰일 수도 있으며, 자기의 유익을 위해 군중을 동원하는 데 쓰일 수도 있습니다.

나라를 세우는 지혜는 오직 위로부터 난 지혜라야 선한 열매를 맺을 수 있는데(약 3:17) 이는 하나님께서 우리의 믿음 위에 역사하실 때만 이루어지는 것을 볼 수 있습니다. "아버지께서 이제까지 일하시니 나도 일한다."라고 예수께서 말씀하신 것은 우리에게 큰 힘이 됩니다. 성부聖父와 성자聖子는 지금까지도 쉬지 않고 일하십니다. 그분들은 엿새 동안 세상 창조의 일을 하셨습니다. 에덴동산에서도 아담이 그곳을 경작하도록 도우셨습니다. 인류가 죄를 범한 후에도 노아를 통해, 아브라함을 통해, 모세를 통해, 사사들을 통해, 선지자들을 통해 천국을 회복하는 일을 하셨습니다. 특히 인류를 구원하시기 위해 예수님을 통해 일하셨습니다.

예수님을 따르는 모든 신도들의 믿음을 통해 하나님은 지금도 일하시고 계신다는 것을 믿을 때 나라를 세우는 큰 역사는 위에서 난 지혜를 통해서만 가능하다고 생각합니다. 기지奇智가 하나님의 뜻에 맞게 쓰일 때만 비전이 생기고 하나님의 능력을 힘입을 수 있다고 생각합니다.

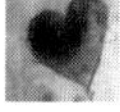 **기도**

하나님, 우리가 방자히 행하지 않도록 우리에게 묵시를 주십시오. 아멘.

노는 은사

내가 이제 늙어서, 머리카락에 희끗희끗 인생의 서리가 내렸어도
하나님, 나를 버리지 마십시오. 주께서 팔을 펴서 나타내 보이신 그
능력을 오고 오는 세대에 전하렵니다.

시 71:18

노인이 되면 시간밖에는 없기 때문에 돈 안 들고 즐길 수 있는
일이 무엇인시 찾게 됩니다. 여행을 즐기는 사람은 우선 천안까지
만 완행을 타고 가서 무료인 지하철을 이용합니다. 서울 지하철이
닿는 곳은 어디나 다 다닐 수 있으며 인천도 갈 수 있습니다. 청계
천을 가고 싶으면 청계광장에 가서 도보관광 1코스를 택해 걸어
다닐 수 있고 또 청계문화관에 가서 도보여행 2코스를 택해 차를
주차할 걱정 없이 여유롭게 걷고 귀가할 수 있습니다.

집에 있는 것이 무료하면 가까운 데 있는 시설이 좋은 노인종합
복지관에 가면 냉난방이 잘된 곳에서 바둑도 두고, 탁구도 치고,

붓글씨도 쓰고, 값 싼 점심도 사 먹고 하루 종일 즐기다가 집에 올 수도 있습니다. 미국 시민권을 가진 친구가 이곳을 방문해서 한국은 정말 노인들의 천국이라고 칭찬합니다. 중·고등학교 학생들에게는 점심 때 무료 급식도 해 주고 특히 의료보험으로 약값도 싸고 병원의사와 전화상담비도 안 내고 쉽게 한국말로 통화할 수 있기 때문이라고 합니다. 선거철이면 우리나라에서는 노인들에 대한 대우가 좋아집니다. 노인복지회관 관장이나 심지어 동내 노인회 회장만 해도 출마자들이 찾아와 인사를 하기 때문에 어깨를 으쓱거릴 수도 있습니다.

그런데 우리나라는 고령화 사회가 되어서 1999년 3월, 65세 이상의 노인이 330여 만 명이던 것이 2030년에는 1,000만 명이 넘어서 그때는 생산인구 5명당 1명의 부양인구가 생긴다고 합니다. 그저 건강한 부양인구만 있어도 되는데 의술의 발달로 평균수명은 늘어나서 노인들의 입원환자 수도 늘어나니 산소 호흡기를 떼지 않고 연명하는 사람, 치매환자의 급증, 교통사고 등으로 지체 부자유자의 속출 등은 사회의 불안 요소가 됩니다. 이런 불안한 미래를 눈앞에 두고 노인이 되었다고 '노인을 우대하라!'고 외치며 하루하루를 즐겁게 연명해 가도 되는 것일까요?

어떤 분은 저에게 노후에 어떻게 소일하시냐고 불쌍한 표정을 하고 물었습니다. 그럴 때 저는 으레 "나는 '노는 은사'를 받아서 재미있게 놀며 삽니다."라고 대답합니다. 한번은 이런 답을 목사님께 했더니 "은사는 성령을 통해 하나님께서 위로부터 주시는 선물입니다."라고 말하면서 불신자에게 주어지는 것이 아니고 믿는 자에 주어지는 것이 은사이며, 하나님의 몸을 세우기 위해 쓰임 받도록 은사가 주어진다는 것이었습니다. 심심해서 소일하는 것, 가고 싶은 여행 다니는 것을 '노는 은사'라고 부르지 말라는 것입니다. 아무 목적 없이 재미를 추구하고 살았던 것이 부끄러워졌습니다. 마치 골대도 없는 축구장에서 뛰고 놀았다는 생각이 드는 것입니다. 이것이 보람 있는 노년 생활일까요? 시편 71편 18절의 고백으로 주께 감사하며 마지막 여생의 간구를 하고 싶어졌습니다.

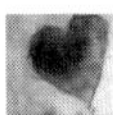 **기도**

하나님, 우리에게 우리 날 계수함을 가르치시어 지혜로운 마음을 얻게 해 주십시오. 아멘.

다윗의 조상 룻

> 그리하여 룻은 밭으로 나가서, 곡식 거두는 일꾼들을 따라다니며 이삭을 주웠다. 그가 간 곳은 우연히도, 엘리멜렉과 집안간인 보아스의 밭이었다.

룻 2:3

'룻기'를 읽고 있으면 옛날 어머니에게 듣는 이야기나 동화를 읽고 있는 것처럼 재미있고 편안합니다. 하나님께서 구세주 예수의 조상인 다윗의 증조모 룻을 택하는 심오한 이야기인데 그런 것을 조금도 못 느끼게 하는 줄거리입니다. 하나님께서 저주하신(렘 4:40) 모압의 딸 룻을 유다의 후손 엘리멜렉의 둘째 아들에게 출가시켜 하나님의 구원이 이스라엘에 머물지 않고 이방인에게까지 미치게 하신 섭리도 전혀 느끼지 못합니다. 룻을 택하시기 위해 이스라엘에 기근을 주시고 엘리멜렉을 택하여 모압 땅으로 가게 하십니다. 그곳에서 이스라엘 백성에게는 금기시된 모압 여인을 며느리로 삼게 하십니다. 그 땅에서 사는 동안 남편과 두 아들을 잃은 엘리멜렉의 아내 나오미는 눈물로 그 땅을 하직하고 룻을 데리고 고국으로 옵니다. 룻을 베들레헴으로 데려온 배경이 너무 자연스럽습니다. "나더러, 어머님 곁을 떠나라거나, 어머님을 뒤따르지 말고 돌아가라고는 강요하지 마십시오. 어머님이 가시는 곳에 나도 가고, 어머님이 머무르시는 곳에 나도 머무르겠습니다. 어머님의 겨레가 내 겨레이고, 어머님의 하나님이 내 하나님입니다." 이런 감격적인 효부의 말을 듣고 그 자부를 떼어놓고 어떻게 홀로 고국으로 돌아올 수 있겠습니까?

예루살렘에 도착한 룻은 다윗의 증조부가 되기에 여러모로 합당한 엘리멜렉의 친족 보아스를 만나게 됩니다. 그것이 하나님의 섭리라는 것을 독자는 전혀 깨닫지 못합니다. 가계가 어려운 룻이 이삭을 줍는 것은 너무나 당연하고 거기서 '우연히' 보아스를 만났기 때문입니다. 이 이야기는 "살몬은 보아스를 낳고, 보아스는 오벳을 낳고, 오벳은 이새를 낳고, 이새는 다윗을 낳았다."로 끝을 맺고 있습니다. 이것이 하나님께서 우리를 구원하실 예수의 조상 다윗을 택한 이야기입니다.

우리 개인의 경우는 어떻습니까? 저를 중심으로 엮어 보겠습니다. 저에게 믿는 아내를 주셔서 제가 주를 영접하게 하셨습니다. 아내가 전주의 예수병원에서 4자녀를 다 낳도록 전주 기전학교에 저를 취직시키셨습니다. 또 예수병원에 제 초등학교 동창을 미리 의사로 보내주셨습니다. 아무 생각 없이 학교생활만 하던 저에게 EWC의 중·고등학교 과학·수학 교사 연수 과정이 있다는 통지가 학교로 와서 하와이로 유학을 가게 하셨습니다. 이것이 계기가 되어 한남대학교에 있을 때 미국에서 장학금을 받고 50세에 그곳에서 학위를 받게 하셨습니다. 이것은 제게 귀한 4남매를 열매로 주시기 위해 주께서 역사하신 줄거리입니다.

이제 그들을 통해 주께서 영광 받으시기 위해 또 목적을 두고 여러 가지 환경을 마련하실 것입니다. 주께서는 훌륭한 룻을 통해서도 역사하시지만 보잘것없는 우리 자신들의 계보를 위해서도 끊임없이 역사하시는 것을 믿어야 한다고 생각합니다.

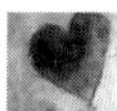 **기도**

하나님, 저희의 믿음을 통해 역사하시는 하나님을 의지하게 해 주십시오. 아멘.

너희가 먹을 것을 주라

예수께서 "너희가 그들에게 먹을 것을 주어라." 하시니

막 6:37a

이것은 예수님께서 빈들에서 떡 다섯 개와 물고기 두 마리로 오천 명을 먹이신 이야기에서 나온 말입니다. 이 예화는 4복음서에 다 나오는데 특히 "너희가 그들에게 먹을 것을 주어라."는 말은 공관복음에 다 나와 있으며 요한복음에는 예수께서 큰 무리가 모여드는 것을 보시고 "우리가 어디에서 빵을 사다가, 이 사람들을 먹이겠느냐?(요 6:5)" 하고 빌립에게 상의하듯이 말씀하셨다고 쓰여 있습니다. 예수님께서는 큰 무리가 목자 없는 양 같음을 보고 측은히 여겨 여러 가지로 가르치신 뒤 때가 저물매 제자들이 무리들을 촌과 마을로 내보내 무엇을 사먹게 하자고 했을 때 그러지 말고

"너희가 그들에게 먹을 것을 주어라."고 하셨습니다.

이 명령을 들은 제자들은 어땠을까요? 가당치도 않은 말씀이라고 생각했을 것입니다. 공관복음 후에 기록한 요한복음에는 이런 명령을 하지 않고 빌립에게 "우리가 어디에서 빵을 사다가, 이 사람들을 먹이겠느냐?" 하고 의견을 묻는 것처럼 나와 있습니다. 그리고 그렇게 말씀하심은 자기가 친히 어떻게 할 것을 알면서 빌립을 시험하기 위해 그리 하셨다는 것입니다. 예수님은 제자라 할지라도 이런 큰일을 그들과 상의할 분이 아니십니다. 빌립에게 어떤 대답을 기대했을까요? "주님, 주님은 생명의 떡이십니다. 이들에게 이적을 통해 먼저 배부르게 하시고, 목자 없는 무리가 당하는 굶주림은 육적인 기갈이 아니요 영적인 목마름인 것을 알게 해주십시오 그리고 바로 주께서 생명의 떡이심을 선포하십시오." 이런 근사한 답을 기대하고 있었을까요? 예수님께서는 베드로도 자기를 부인하고, 자기가 십자가에 매달릴 때는 제자들이 모두 생업을 좇아 흩어질 것을 알고 있었습니다. 그래서 그런 대답은 기대하고 있지 않았을 것입니다. 다만 이 무리들을 흩어 보낼 수는 없다는 측은한 생각을 갖고 예수님 안에서는 제자들도 이 무리들을 먹일 수 있다는 믿음을 가질 수 있었으면 좋겠다는 생각을 하지 않았을까요? 이적은 예수님이 행하시려고 계획하고 계시지만 홀로 행하시는 것이 아니라 제자들의 믿음 위에 자신이 행하신다는 그런 공동체 의식을 갖고 싶었던 것이 아닐까요?

예수님을 믿는다는 것은 예수님의 마음을 갖는다는 것입니다. 목자 없는 무리를 우리도 불쌍히 여겨야 합니다. 현실적인 생각으로 그들을 세상으로 흩어 보내고 싶지 않아야 합니다. 무리들의 육적인 굶주림을 해결하는 것은 인간이 할 수 없는 일일지라도 생명의 떡을 어떻게든지 나누어 주고 싶다는 열정은 있어야 예수님의 마음을 아는 것이라고 생각합니다.

"너희가 그들에게 먹을 것을 주어라."는 말씀은 지금도 우리에게 하시는 말씀이라고 생각합니다. 우리의 능력의 한계를 넘는 일일지라도 우리에게 믿음이 있으면 하나님께서 함께 역사하신다는 뜻으로 해석하고 싶습니다.

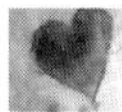 **기도**

주님, 내게 능력 주시는 자 안에서 내가 모든 것을 할 수 있다는 믿음을 주십시오. 아멘.

교회와 세상

갑자기 출입을 끊은 교인에게 왜 교회에 나오지 않느냐고 물었더니 '세상 꼴도 보기 싫은데 또 교회에 나가서 세상의 축소판을 보란 말이냐?'고 교회에 나오지 않은 이유를 설명하는 것을 들었답니다. 교회와 세상이 구별이 안 된다는 말입니다.

교회가 세상과 얼마나 다른데 같다고 하는 것입니까? 늦잠 안자고 새벽기도 하지, 수요일, 금요일 교회 나가지, 어쩔 때는 광적인 부흥회 하지, 각종 헌금 하지, 수련회 하지, 구역예배 드리지, 성경공부하지, 선교회별로 모임 갖지, 전도훈련 하지, 단기 해외선교 나가지, 친교식사 하지…… 세상 삶과 같은 구석은 하나도 없습니다.

모든 교인들이 교회란 하나님의 부름을 받은 무리들로 구원의 방주에 앉아 불쌍한 세상의 죄인들을 향해 생명의 낚싯줄을 던지고 있는 어부며 십자군 같은 전사들의 모임으로 자처합니다. 그들은 예수님의 재림을 고대하는 종말론 자들인데 교회를 떠난 사람이 교회는 세상과 다를 바 없다고 말하니 기가 막힐 일입니다.

그런데 교회를 떠난 이 사람은, 교인들은 모두 권위주의자들이어서 돈 자랑하고 몸치장하고 교만하고, 몇 개 안 되는 직분을 계급으로 생각하여 싸우고 질투하고 편 가르고 시기하고, 교회 재정을 몇 사람이 좌지우지 하고……, 이것은 세상보다 더 추하다는 것입니다. 그보다도 그가 정말 교회 생활에 역겨워 하고 있는 것은 그들이 겉으로는 종교인 행세를 하면서 세상 사람들과 다를 바 없으며 바리새인과 서기관처럼 위선사 노릇을 하고 있다는 것입니다.

위선자를 제일 미워한 분은 예수님이었습니다. "화있을진저 외식하는 서기관들과 바리새인들이여 회칠한 무덤 같으니(마 23:27)."라고 꾸중하셨습니다. 교인들이 정말 위선자라면 교회를 떠난 사람이 영적인 사람이고 예수님을 더 잘 안 사람이며, 교회에 남아 있는 사람들은 오히려 종교의 탈을 쓴 세속적인 위선자들이 아닌가 하고 돌아보게 됩니다. 물론 떠난 사람은 택함을 받고 구원 받은 서열에 서지 못하여 교회의 마당만 밟고 다니다가 교회를 비판하고 떠났는지도 모릅니다.

그러나 교회에 머물러 있는 사람은 자기가 "겉으로는 사람에게 옳게 보이되 안으로는 외식과 불법이 가득한(마 23:28)" 사람이 아닌지 살펴볼 필요가 있다고 생각합니다. 또 교회를 위한다고 가정도 돌보지 않고 바쁘게 뛰어다니는데 하나님께서는 "번제보다는 하나님을 아는 것을 원하고(호 6:6)" 계시는 것을 잊고 있지 않은지 살펴볼 필요가 있습니다. 겉으로 그럴 듯한데 안으로 썩어 있는지 누가 알겠습니까?

2002년에 시카고의 호텔에서 세인트루이스 카디날의 야구선수가 죽어 있는 것을 발견했습니다. 의사의 검시 결과는 그는 관상동맥 3개 중 2개가 90% 막혀 있던 상태였다고 합니다. 운동 경기를 하고 있는 선수의 모습에서는 아무 증상을 보지 못했는데 신체 내부는 깊이 병들어 있었던 것입니다.

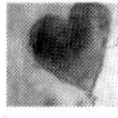 **기도**

하나님, 교회가 종교적인 모습만 갖추고 세상과 똑같은 가치관을 가지고 살지 않게 해 주십시오. 아멘.

양떼와 예수님

> 주께서는, 주의 백성을 양 떼처럼, 모세와 아론의 손으로 인도하셨
> 습니다.
>
> 시 77:20

우리는 양 같아서 목자가 없으면 흩어져서 각기 제 길로 가 멸망할 수밖에 없는 존재들입니다. 모세가 이스라엘 백성을 이집트에서 이끌고 광야로 나왔을 때 그들이 그랬습니다. 하나님의 은혜로 430년의 노예생활에서 풀려나 자유를 얻었는데 그들은 조금만 눈을 팔면 하나님을 떠나 우상으로 달려가는 존재들이었습니다.

예수님과 양을 주제로 한 성화들이 많이 있고 이것은 퍼즐로도 나와 있습니다. 어깨에 빨간 목도리를 두르고 오른손에는 지팡이, 왼손에는 어린양을 안고 있는 예수님 주변을 어린양들이 떼를 지어 따르는 그림입니다. 왜 양들은 떼를 지어 다니는 것일까요? 그

들은 흩어지면 죽은 것이나 마찬가지라고 합니다. 떼를 지어 있어야 생명을 유지할 수 있습니다. 그래서 목자는 개를 훈련시키되, 뛰어 다니며 흩어지는 양들을 한 곳으로 모으게 한답니다. 그들은 홀로 되면 어느 곳으로 갈 줄 모르고 결국은 맹수의 밥이 되는 것입니다. 목자가 지시해 주지 않으면 양들은 아무것도 할 수 없는 존재들입니다. 따라서 떼 지어 옆에 있는 양을 따라 목표도 없이 가는 것입니다.

터키의 어느 높은 목초지에서는 목자가 1,500마리의 양떼를 몰고 가고 있었는데 갑자기 한 양이 높이 뛰어 오르더니 10미터도 넘는 낭떠러지로 달려가서 떨어져 죽었습니다. 그런데 어처구니없는 것은 다른 양도 모두 그를 따라가서 그곳에서 떨어졌다는 것입니다. 다행인 것은 먼저 떨어진 500마리가 쿠션이 되어 나머지 1,000마리는 살았다고 합니다. 양은 이렇게 어리석습니다.

예수님께서는 왜 자기를 믿는 제자들을 양이라고 했을까요? 예수를 따라다니면서도 어리석은 실수를 잘 하기 때문이 아닐까요? 이스라엘 백성은 광야에 나오면서 큰 이적으로 홍해를 건넜는데 곧바로 물이 없다고 불평하고, 고기가 없다고 불평하고, 모세가 시내 산에서 십계명을 받으러 가서 내려오는 것이 더디자 바로 금송

아지를 만들었습니다. 목적도 방향도 모르고 지도자를 떠나 날뛰는 백성들입니다.

우리 교회에는 100호 정도는 되는 캔버스에 예수님과 양을 그린 그림이 걸려 있습니다. 어떤 신심이 깊은 교인이 시중에서 사서 교회에 기증한 것이겠지요. 너무 흔한 그림이 되어서 별로 주의 깊게 보지 않았는데 한 여 집사가 우리 교회에 걸린 그림의 양들은 순하지 않고 이리 같다는 것입니다. 그 말을 듣고 자세히 살펴보니 정말 어떤 양은 눈매가 이리처럼 사납게 그려진 것입니다. 예수님을 따라다니는 순한 양 속에도 이리 같은 양이 끼어 있는 것일까 하고 순간 생각하였습니다. 그러면서 저두 양의 털을 쓴 이리가 아닐까하고 잠깐 생각했습니다.

 **기도**

예수님, 선한 목자의 음성을 알고 그 목소리를 듣고 따르게 해 주십시오. 아멘.

육체는 쓰레기인가

이 말씀을 하신 뒤에, 그들에게 "우리 친구 나사로가 잠들었다. 내가 가서, 그를 깨우겠다." 하고 덧붙여서 말씀하셨다.

요 11:11

예수님께서는 친구 나사로가 죽은 지 나흘이 되었는데 그가 잠들었다고 하시며 깨우러 가겠다고 말씀하셨습니다. 인간은 다 죽는데 예수님은 죽은 것이 아니라 잠든 것으로 보시는 것입니다. 주 안에서 죽은 자들은 잠든 것이며, 마지막 날 주께서 하늘로부터 강림하시면 죽은 자들이 먼저 일어나 공중에서 주를 영접하게 된다는 것이 성경의 가르침입니다.

저는 이번에 미국에 갔다가 친구 집에서 애완견의 유골단자를 집에 놓아둔 것을 보았습니다. 너무 사랑스러운 개인데 집에서 오래 길렀다고 합니다. 저도 보았는데 꽤 큰 개였습니다. 집 뒤뜰에 매어 놓는데 주인이 집 거실로 들어오면 창문을 통해 알아보고 껑충껑충 뛰면서 너무 기뻐했습니다. 그런데 언젠가는 너무 좋아 열광하고 뛰다가 목 디스크에 걸렸습니다. 그래서 수술비가 300만원이나 들었습니다. 가족 중에서 그렇게 큰돈 들여 수술한 적이 없었다고 합니다. 이 개가 나이가 드니까 동작이 둔해지더니 하루는 바닥에 앉아 괴로워해서 병원에 데려 갔더니 내장에 종양이 생겼다고 수술해야 한다고 했답니다. 그 개는 수술하다가 사망했습니다. 다음은 내 친구 내외의 설명이었습니다.

애완동물 묘소에 갖다 놓았다기에 그곳을 찾아 갔더니 장의사들이 검은 옷을 입고 현관무 양 옆에 서서 정중히 고게를 숙여 애도의 말을 하는 거예요. 한 관리인이 우리를 사무실로 인도했는데 그곳에는 각종 관이 많이 있더라고요. 어느 관으로 하겠느냐고 물어서 어리둥절하고 있었더니 절차를 설명해 주었는데 먼저 관을 택하고 이곳 동물 묘지에 매장할 것인지 아니면 집으로 가져갈 것인지 결정해야 한다고 하더라고요. 집에 묻을 때는 늘 놀던 뜰에 묻어도 되는데 이사할 때가 좀 문제래요. 둘째는 화장하는 방법인데 그때는 유골단지를 택해야 한다며 각종 유골단지를 보여 주더라고요. 난감해 하고 있었더니 유골단지 없이 그냥 개가 늘 놀던 땅이

나 공중에 또는 바다에 뿌려 버릴 수도 있다고 해요. 너무 집에서 구속되어 있었으나 넓은 공간에 훨훨 날려 보내는 것도 좋은 생각 이라는 거지요. 또 다른 방법도 있느냐고 물었더니 관리인은 우리 가 글쎄 별로 개를 사랑하지 않은 사람이라는 생각이 들었는지 "사실 혼이 떠나 버린 육체는 쓰레기와 마찬가지입니다. 그냥 버리 고 싶으시면 이곳에 두고 가시면 추가 경비 없이 우리가 버립니다. 어떻게 하시겠습니까?" 이러는 거예요. 쓰레기로 버린다는 말을 듣 자 얼떨결에 곧 유골단지를 고르고 화장해 달라고 했지요 뭐.

우리나라도 장지가 부족하여 사랑하는 사람이 죽으면 화장해서 납골당에 모시거나 바다에 골분을 뿌리는데 인천 앞바다만 해도 일 년에 재를 뿌리는 횟수가 1,200회 정도는 되어서 해수 오염을 걱정할 정도라고 합니다. 그러나 이를 막을 수 없다면 해양환경관 리법을 개정해서 바다에 버릴 수 있는 폐기물 종류에 골분도 포함 시켜서 재를 뿌리는 것을 합법화해야 한다는 말이 있다고 합니다.

그렇다면 시체는 폐기물에 속하는 것이 아닐까요? 하나님의 형 상을 닮아 지어졌다는 인간도 혼이 떠나면 자는 것이 아니라 폐기 물로 버려지는 때가 온 것 같습니다. 화장 문화 때문에 자칫하면 자녀들의 의식구조가 부모를 폐기물처럼 버리는 쪽으로 정착되지 않을까 걱정입니다.

 **기도**

예수님, 주님의 재림으로 완성되는 하나님의 구원사역이 화장 문화로 흠이
나지 않기를 기원합니다. 아멘.

맞춤형 교회

그리스도 안에서 건물 전체가 서로 연결되어서, 주님 안에서 성전으로 자랍니다. 여러분도 그리스도와 연결되어서 함께 건물을 이루어 하나님께서 성령으로 거하실 곳이 되어갑니다.

엡 2:21-22

가끔 교회를 옮겨야겠다는 말을 듣습니다. 이런 교회에 더 이상 머물러 있을 수 없다는 것입니다. 심하면 마음에 맞는 사람끼리 모여서 새로 교회를 세워 나가기도 합니다. 세상에 교회가 많지만 자기 구미에 맞는, 듣기 좋은 설교만 하는 교회, 사생활을 간섭하지 않고 교인 기분을 맞춰주는 교회, …… 그런 교회가 있을까요? 또 있다면 과연 그런 곳을 교회라고 할 수 있을까요?

교회란 마음대로 옮기고 마음 맞는 사람끼리 만드는 곳이 아닙니다. 왜냐면 교회는 사람이 만든 공동체가 아니기 때문입니다. 교회는 예수님께서 직접 세우시겠다고 말씀하셨으며(마 16:18) 교회는 건물이 아니며 성령에 의해 결합되며 예수 그리스도를 구주로 믿는 신자들의 공동체이기 때문입니다. 구약시대에는 성전의 형태로 나타나서 하나님께서 이스라엘을 부르시고 그 가운데 임재하시고 그들과 만나고 그들에게 자신의 뜻을 전하는 곳이었습니다. 그러나 신약시대의 교회는 예수 그리스도의 대속의 죽으심과 부활을 통해서 예수 그리스도를 머리로 예수 그리스도의 터 위에 세워진 하나님의 자녀들의 공동체입니다. 그곳에 찬양과 예배가 있고 그곳에서 하나님의 말씀이 바르게 선포되고, 올바른 성례가 집행되며 신자들은 거기서 말씀과 믿음이 유지되고 성장되고 지속되어 하나님의 영광이 드러나는 곳이기도 합니다. 교회는 그리스도의 몸이며 성령의 전이며, 성령의 역사로 세워져가는 곳이며, 천국의 표징으로 마지막 날 그리스도의 재림 때 완성될 천국 보좌의 그림자입니다.

하나님의 택하심과 부르심에 응답하여 교회를 이룬 우리는 그리스도와 함께 죽고 그와 함께 살아 세상을 변화시키고 땅 끝까지 이르러 복음을 전하므로 하나님의 나라를 확장하는 의무를 가진 사람들입니다. 따라서 그리스도에게 자기를 맡겨버린 자들은 하나님이 시키시는 일밖에 할 수 있는 일이 없습니다. 혹 어떤 목사가 이 교회는 자기가 개척하여 여기까지 성장시켰다고 말하며 교회를 사유화하고 하나님의 일을 한다는 명목으로 교회 재물을 낭비하면 용서 받을 수 없는 일입니다. 또 말씀 선포의 특권을 이용하여 세속적인 가치 추구나 상식적인 자기의 주장을 말씀으로 포장하는 일도 있을 수 없는 일입니다. 이런 일들은 하나님의 섭리 안에서 언젠가는 바로잡아질 것입니다. 그러나 교회에 부족한 점이 있다고 하여 이것을 핑계로 교회를 떠날 수는 없습니다. 예수님의 몸이 여러 개 있지 않은 것처럼 몸 된 교회는 하나뿐입니다. 어디서나 믿는 사람의 무리인 우리는 하나님의 영광을 위해 쓰임을 받아야 하며 복음 전파로 천국을 확장하는 일을 해야 하는 것뿐입니다.

우리 각자도 이제 성령의 전입니다(고전 3:16-17). 교회는 그리스도를 믿는 신자들의 공동체이며 그리스도를 머리로 한 지체들의 유기적 통일체입니다. 이 지체들이 주님 안에서 성전으로 자라갑니다. 각기 다른 은사들을 받은 지체들이 그리스도와 연결되어 함께 예수 그리스도를 토대로 한 건물을 이루어 하나님의 성령이 거하실 곳이 되어갑니다(엡 2:21-22). 교회는 내 뜻대로 바꿀 수 있는 공동체가 아닙니다.

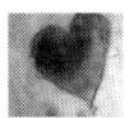 **기도**

예수님, 교회를 바로 인식하고 하나님의 영광을 가리지 않기를 빕니다. 아
멘.

치매, 어떻게 받아들여야 하나

> 너희는 '예' 할 때에는 '예'라는 말만 하고, '아니오' 할 때에는 '아니오'라는 말만 하여라. 이보다 지나친 것은 악에서 나오는 것이다.
>
> 마 5:37

윗글은 거짓 맹세를 하지 말라는 주님의 말씀 가운데 나오는 마지막 단락입니다. 맹세란 굳게 약속할 때 하는 것인데 이를 분명히 하기 위해서 높은 권위에 위탁해서 하는 경우가 있습니다. 그런데 이것이 자기주장을 포장하는 헛맹세가 된다는 이야기입니다. 예수님은 그런 맹세는 아예 하지 말라고 하셨습니다. 신명기에는 "그(하나님)를 섬기며, 그의 이름으로만 맹세하여라(신 6:17)."고 하였고, 하나님께서도 그 약속의 불변함을 더욱 밝게 나타내 보이시려고, 맹세로써 보증해(히 6:17) 주셨는데 왜 예수님은 도무지 맹세하지 말라고 하신 것일까요? 너무 형식적인 헛된 맹세를 하고 있기 때문에 그런 맹세는 도무지 하지 말라고 말씀하신 것이라고 생각합니다. 다만 '예' 해야 할 경우에는 오직 '예'라고만 하고, '아니오' 해야 할 경우에는 오직 '아니오'라고만 하십시오(약 5:12). 라고 말씀하십니다. 사람들은 무식해서 자기의 주장을 하나님의 이름으로 맹세하면 모든 사람들이 잘 믿을 것이라고 생각합니다. 그런데 사실은 우리 안의 성령이 '예'인지 '아니오'인지는 더 잘 압니다. 그래서 '예' 할 경우와 '아니오' 할 경우를 분별해서 말하라고 말씀하십니다.

믿는 사람들이 갖는 또는 믿는 사람들에 대한 착각은 예수를 믿으면 결코 나쁜 일은 일어나지 않으리라는 것입니다. 잘 믿는데 왜 암에 걸리냐? 왜 치매가 생기냐? 왜 교통사고가 나냐? 왜 이혼 하냐? 왜 자살 하냐? …… 등등.

내가 예수를 잘 믿으니 나는 죽기 전에 치매에 안 걸린다고 하나님을 두고 맹세할 수 있습니까? 머리털 하나도 희게 할 수 없는 우리는 우리에게 치매가 오면 "예, 알겠습니다." 하고 인정할 수밖에 없습니다. 그때 '예'라고 인정하는 것입니다.

저는 요즘 너무 깜박깜박하는 일이 많아 이건 치매 증상이 아닌가 하고 놀랄 때가 많습니다. 약을 먹었는지, 차 열쇠를 어디다 두었는지, 생각이 안 납니다. 지난번에는 캐나다의 오타와에 있는 호

텔까지 나비(navigator)만 믿고 주소를 찍고 운전하고 갔는데 잘못 인도되었습니다. 그때 당혹스러웠던 것은 잘 알고 있던 그곳 호텔 이름이 생각나지 않은 것입니다. 또 지난주에는 교회에 빗속을 운전해 가서 교회 안 장애인 주차장에 나도 장애인 못지않은 노약자라는 억지를 마음속으로 하면서 주차를 하고 급하게 교회로 들어갔습니다. 예배 중 생각하니 차 문을 리모컨으로 잠그고 오지 않았다는 생각이 들었습니다. 예배 후에 가 볼 생각이었는데 기왕 늦었으니 점심을 먹고 가야겠다고 생각하고 점심까지 먹고 주차장으로 갔는데 차 열쇠가 호주머니에 없는 겁니다. 혹 꽂아놓고 왔나 해서 급히 가보니 키가 꽂아졌을 뿐 아니라 시동도 끄지 않고 놓아둔 채였습니다.

이건 분명 치매 아닙니까? 저는 교회에 나오면 절대 치매 안 걸리며 좋은 일만 생긴다고 하나님을 두고 맹세하며 불신자들을 불러들이지 않을 것입니다. 제게 불행한 일이 생겨도 "예, 알겠습니다."라고 할 것입니다.

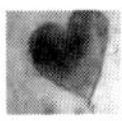 **기도**

예수님, 헛된 맹세로 남을 속이지 않게 해 주십시오. 아멘.

권위 없는 본 보이기

내가 너희에게 한 것과 같이 너희도 이렇게 하라고, 내가 본을 보여 준 것이다.

요 13:15

저는 이번에 미국에 있는 아들 집을 방문했습니다. 그리고 제가 거기서 꾸준히 아침바나 한 일은 아침 6시 15분에 일어나 30분간 산책한 일입니다. 저는 당뇨가 있어서 한 달간 매주 월 · 수 · 금 아침에 일어나서, 그리고 저녁 취침 전, 두 번씩 당 수치를 검사해서 기록한 뒤 의사에게 제출하기로 되어 있었습니다. 당뇨 관리는 식생활과 운동인데 당 수치가 높다는 것을 안 뒤로는 일상생활이 여간 괴로운 것이 아니었습니다. 평소에 왜 체력관리를 안 했던가 하는 것이 후회스러웠습니다.

저는 아들 집에 와서 산책을 하면서 꽤 많은 사람을 만났습니다.

걷는 사람, 뛰는 사람, 자전거를 타는 사람 등등 여러 사람들이었
는데 그들은 당뇨 때문만은 아니고 비만관리 때문이라는 생각이
들었습니다. 사실 비만은 몸매 관리 뿐 아니라 심장병, 뇌질환 등
흡연, 음주 이상으로 위험한 병의 원인이 되기 때문입니다. 그러고
보면 미국인은 비만자가 너무 많습니다. 간식으로 먹는 음료와 맛
있는 인스턴트식품이 많기 때문이겠지요. 이들은 건강식을 제대로
하지 않고 주로 간식으로 살기 때문에 자신 뿐 아니라 대대로 자
녀들까지 나쁜 버릇을 심어 주는 것 같습니다.

나처럼 아침마다 꾸준히 일하는 사람이 하나 더 있는데 며느리
입니다. 아침 식단을 하루도 거르지 않고 건강 식단이라고 생각되
는 것을 다 차리는 것입니다. 단호박, 감자, 완두콩, 계란, 당근, 오
이, 오트밀, 블루베리 열매, 브로콜리, 옥수수 등. 그런데 자기는 막
상 하나도 먹지 않는 것입니다. 자기뿐 아니라 남편도 자녀들도 안
먹는 것입니다. 으레 늦게 일어나고 아침은 안 먹는 습관이 되었다
지만 나이 든 우리가 보기엔 이건 나쁜 습관이라는 생각이 드는
것입니다. 그래서 이 좋은 음식은 우리 내외만 먹는데 우리만을 위
해 정성 드려 준비하니 또한 미안한 일입니다.

온 식구가 나처럼 운동하고 이 좋은 음식을 먹는다면 얼마나 건

강에 좋을까를 생각하는데 그렇게 되지를 않습니다. 사람들은 자기보다 높고 나은 본보기를 바라보지 않는다면 결코 발전이 없다는데 제 본보기는 높고 나은 것으로 생각이 안 되는 모양입니다. 사실 제가 매일 시종일관 산책을 나가는 것은 그들에게 본보기가 되기 위해서입니다. 제가 아침마다 문을 열고 나가면 자기들도 따라와 주었으면 하는 소망 때문입니다. 그런데 행함을 이끌어내지 못한 본보기란 무익합니다. 아버지의 권위로 "아침에는 만사를 제치고 집합해라. 이제 운동을 나가는 거다." 이렇게 명령하면 그들이 싫어도 따라올 것이라 생각합니다. 그런데 저는 그렇게 하기 싫고 그렇게 못합니다. 저는 스스로 깨닫기까지 기다리는 싱미입니다.

예수님은 제자들의 발을 씻기는 본을 보이셨습니다. 감히 제 본보기를 어떻게 예수님의 본보기에 비교할 수가 있겠습니까? 예수님은 발을 씻기시는 것으로 인간의 죄를 씻기시는 예표도 되셨습니다. 그러면서 "너희도 이와 같이 하라."라고 말씀하셨습니다. 그런데 저는 왜 눈치만 보고 "너희도 이와 같이 하라."는 말을 끝까지 못 지키는 것일까요?

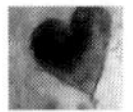 **기도**

예수님, 주님은 발 씻기는 본을 보이셨는데 따라 하지 못하는 저를 용서하
십시오. 아멘.

세상 친구의 유혹

여러분은 세상이나 세상에 있는 것들을 사랑하지 마십시오. 세상을
사랑하는 사람에게는, 그 안에 아버지의 사랑이 없습니다.

요일 2:15

교회의 항존직(장로, 권사……) 선거가 끝나면

"너는 이번에도 장로 / 권사가 못 되었어?"라는 질문을 비기독교
인 친구에게 듣는 일이 많습니다. 참으로 당혹스러운 일입니다.

"교회의 직분은 계급이 아니야. 은사(재능)에 따라 교회 운영을
원활하게 하기 위해 만들어진 직분이야."

"말은 그래도, 장로가 안 되어 속상하지 않아? 교회도 가기 싫은
표정인데. 평소에 인사도 잘하던 교인들이 자기를 인정해 주지 않
으니 망신은 망신이지."

"장로는 안 하는 게 편해."

"그건 패자의 변명이야. 적극적으로 선거운동을 좀 하지 그랬어? 겸손 떤다고 누가 알아주나?"

"교회는 그런 일을 하는 곳이 아니야. 세상하고는 다른 곳이거든."

"교회라고 세상과 다를 게 뭐 있어? 너는 교회에 기부금도 많이 내지 않아? 그러나 그걸 누가 알아주니? 평소에 지역구 관리하듯 자기 홍보를 해 두어야 해. 사람의 눈에 띄는 일을 먼저 하는 거야. 왜, 그런 것 있잖아? 새벽기도에 열심히 나간다든지, 주차 관리를 한다든지, 아니면 남은 가만히 앉아 있는데 찬양 때 자기만 손을 올리고 좌우로 흔든다든지, 이렇게 꾸준히 자기 홍보를 했어야 하는 거야."

"너는 교회에 다니면 왜 꼭 장로가 되어야 한다고 생각하니?"

"장로가 되어야, 목사도 함부로 못하고, 대외적으로도 장로 타이틀은 있어야 말발이 서지 않니? 솔직히 너도 은근히 바라지 않았어?"

"나는 교인들의 환심을 사고 싶지 않아. 그저 가족과 행복하고, 예배생활에 행복하면 그것으로 만족해."

"기독교인들은 신비적 체험과 인생 역전을 겪은 거인들을 원하는데 착한 세상사람 같은 너를 선출해 주겠니? 장로 생각은 접고 지금처럼 사는 게 좋겠다.”

이 대화는 장로 피택被擇에 낙선한 사람에게 친구가 세상을 사랑하라는 유혹을 하고 있는 것으로 “이 세상과 이 세상의 것들을 사랑하지 말라(요일 2:15).”는 요한 사도의 말과는 상반되는 내용입니다. 기독교인은 세상과는 다른 가치관을 가지고 있는 무리들입니다. 그러나 가끔 세상적인 탐욕으로 유혹에 빠질 때가 많습니다. 폭넓은 상식과 합리적인 사고로 세상을 바라보되 위로부터 오는 지혜로 꿈을 품고 살면 친구 되는 교인들에게 실망할 일도 없고 요한일서 2장에서 말하는 세상을 사랑하는 일도 없으리라고 생각합니다.

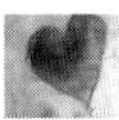 **기도**

하나님, 겸손히 주를 섬기는 모습들이 우리에게 있기를 빕니다. 아멘.

행하는 용기

그가 대답하였다. "그에게 자비를 베푼 사람입니다." 예수께서 그에게 말씀하셨다. "가서, 너도 그와 같이 하여라."

눅 10: 37

이 말씀은 '선한 사마리아인에 대한 이야기'라고 알려진 말씀입니다. "네 이웃이 누구냐"고 묻는 율법사에게 주님은 "가서, 너도 그와 같이 하여라."라고 말씀하신 것입니다. 알고, 깨닫고 그렇게 하겠다고 결심까지 하지만 행하기란 너무 어렵습니다.

저는 지난 6월 둘째 주말에 북미주 지역 대학 총 동문회에 참석할 기회가 있었습니다. 토요일 오후였는데 텍사스의 날씨는 섭씨 39도가 넘는 이글거리는 날씨였습니다. 그 속에서도 버스관광의 마지막 순서로 포트워즈(Fort Worth)의 스토크야드(Stock Yard)에 들려 카우보이 쇼를 보고 저녁을 먹으러 가는 길이었습니다. 갑자기 버스가 더위를 먹었는지 서서 움직이지 않은 것입니다. 원인을 찾아 수리하는데 두 시간 가까이 노변에 나가 서 있어야 할 처지였습니다. 다리 밑이라 했지만 더운 바람이 온 몸을 싸고돌아 얼굴은 잘 익은 붉은 감자처럼 되고 숨쉬기가 어려웠습니다.

한 시간 쯤 참고 기다리고 서 있는데 봉고 한 대가 다가와 섰습니다. 자기 교회는 거기서 5분도 채 안 걸려 갈 수 있는 곳에 있는데 에어컨도 잘 되어 있으니 차가 수리 되는 동안 쉬었다 가지 않겠느냐는 것이었습니다. 어떻게 알아서 왔느냐고 물었더니 지나는 길이었는데 차가 서 있고 이 더운 날씨에 사람들이 나와 웅성거리고 있어서 왔다는 것입니다. 구세주와 같은 사람이었습니다. 먼저 여자들과 어린애들을 태워 보냈습니다. 그 교회는 갈보리 교회였는데 두 대의 봉고로 회원들을 계속 수송해 와서 얼음물을 갖다 주고 의자를 날라다 주어 천국 같은 대우를 받았습니다. 토요일이라서 학생들의 집회도 있었는데 복도에서 편히 쉴 수 있게 해주었습니다. 30여분 후에 차는 수리 되어서 교회로 우리를 태우러 왔는데 떠나기 전에는 또 볼펜 하나씩을 선물로 주었습니다.

환대를 받고 차 안에서 너무 고마웠다고 감사편지나 전화를 해야겠다고 누구나 말했습니다. 그런 교회를 위해 기도해야 하겠다는 사람도 있었습니다. 그 중에는, 구제를 온 사람이지만 여자들만 태우고 떠났기 때문에 납치범이면 어쩔까 해서 자동차 등록번호를 수첩에 적어 놓았다는 사람도 있었습니다. 어려움에서 구제를 받고 "하나님, 우리를 사랑하셔서 도움의 손길을 보내 주신 것을 감사합니다."라고 기도 했을 때 하나님은 무어라고 응답하셨을까요?

"가서, 너도 그와 같이 하여라."라고 말씀하셨으리라 생각합니다. 그런데 저는 지금도 감사편지도 감사전화도 안 하고 있습니다. 행한다는 것이 얼마나 어려운가를 절실히 깨닫고 있습니다.

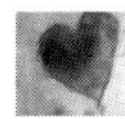 **기도**

하나님, 선한 사마리아인의 삶을 본받게 해 주십시오. 아멘.

기도할 줄 모릅니다

> 이와 같이, 성령도 우리의 연약함을 도와주십니다. 우리는 어떻게 기도해야 할 것도 알지 못하지만, 성령께서 친히 이루 다 말할 수 없는 탄식으로, 우리를 대신하여 간구하여 주십니다.
>
> 롬 8:26

성경공부를 시작하기 전에 한 집사가 다음과 같이 기도했습니다.

"하나님 아버지, 저는 기도할 줄을 모릅니다. 그러나 인도자가 부탁해서 순종하는 마음으로 기도합니다. 예수님, 저를 불쌍히 여겨 주십시오. 성경말씀을 나눌 때 조금이라도 하나님의 마음을 알게 해주십시오."

이 기도에 모두 감동하였습니다. 이분이 유창하게 더 많은 내용을 첨가했다면 그만한 감동을 받지 못했을 것입니다. 예를 들어 그분이 "주는 길이요 진리요 생명이십니다. 공부할 때 오셔서 우리 눈을 밝히시고 직접 말씀하소서."라고 했다면 매우 그럴듯한데 "주는 길이요 진리요 생명"이라는 말이 우리를 압도하고(다른 모습의 주를 생각할 수 없게 함), "직접 말씀하소서."라는 말 때문에 직접 하시는 말씀을 못 들으면 어쩔지 걱정이 앞서 아무 조건 없이 하나님을 만나는 평안함을 못 느끼게 되었을 것이기 때문입니다.

이분이 준 또 하나의 유익은 소리 내어 기도 못하는 것이 부끄러운 일이라는 강박감에서 벗어나게 해 주었다는 것입니다. 기도 모임이나 성경공부 모임에 갔을 때 기도시킬까봐 못 간다고 하는 사람이 많은데 유창한 기도만이 기도가 아니며 어쩌면 말없이 신음만 하고 있어도 기도가 되며 성령께서 친히 우리를 대신하여 기도를 해준다는 확신입니다.

평생 동안 교회를 다니면서도 남 앞에서 소리 내어 기도를 해본 적이 없는 노인이 중병이 걸려 병원에 입원했다고 합니다. 병 수발을 하는 손녀가 할아버지의 병세가 수상함을 알고 목사님에게 심방을 요청하였습니다. 심방을 끝낸 목사가 떠나면서 남은 생은 하나님께 맡기고 평안한 마음으로 기도하며 지내라고 당부하였습니다. 목사가 병실을 떠나기 전 할아버지는 손녀를 내보내고 조용히 목사를 불러서 말했습니다.

"내가 이 나이까지 기도할 줄을 모른답니다."

"기도는 하나님과의 대화입니다. 유창한 기도를 하려고 하지 말고 아버지와 만난다는 생각으로 편하게 하고 싶은 이야기를 다 해 보십시오."

"글쎄. 그것이 안 됩니다."

목사는 떠나기 전에 빈 의자를 하나 가져다가 침대 옆에 놓고 이곳에 아버지가 앉아 계신다고 생각하고 하고 싶은 말 다 하라고 말하며 떠났습니다. 그분이 임종했을 때 기이한 현상은 의자에 목을 기대고 임종했다는 것입니다. 임종하기 전 드디어 기도의 문이 열렸었다는 우화입니다

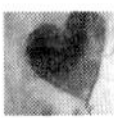 기도

하나님, 우리 마음에 싸여 있어 기도하지 못한 것을 선령께서 대신해서 간구해 주십시오. 아멘.

기도 제목을 묻는 사람

우리는 언제나 여러분을 위하여 기도합니다. 우리는, 우리 하나님
께서 여러분을 그의 부르심에 합당하게 하시고, 또 모든 선한 뜻과 믿
음의 행위를 그의 능력으로 완성해 주시기를 빕니다.

살후 1:11

저는 기도 제목을 묻는 사람들을 두 종류로 나누는데 첫째 부류
는 기도를 많이 해서 응답을 받은 체험이 있는 사람입니다. 상대방
의 기도 제목을 묻고 그분을 위해 구체적으로 기도를 해주고 싶은
것입니다. 둘째 부류는 주로 선교편지를 내는 선교사나 선교기관
의 간사들인데 이분들은 대개 선교편지 말미에 자기의 현재 기도
제목을 써서 후원자에게 기도 요청을 하고 후원자의 기도 제목을
묻습니다. 어느 경우나 저는 엎드려 기도 하며 주께 매달려 생활하
는 이런 성령 충만한 분들을 존경합니다. 그러나 저는 그런 질문을
받을 때마다 곧바로 제 기도 제목을 대 줄 수 없는 것이 부끄럽습

니다. 기도 제목도 없이 어떻게 기도하며 신앙생활을 하고 있다고 말할 수 있는지 부끄럽게 느끼는 것입니다.

기도 제목도 저는 두 가지로 분류하는데 하나는 단기적인 제목이며 또 하나는 장기적인 제목입니다. 전자로는 화급하게 교통사고를 당했다든지 고혈압으로 병원에 입원하게 된 사람을 알게 되었을 때의 기도 제목입니다. 이 외에도 자녀의 입학, 배우자, 새로운 직장, 소소하게는 대학생 사역을 위한 차량 구입, 또는 낡은 컴퓨터의 교체 등 원하는 것들을 흔히 봅니다. 후자로는 건강하기, 잘 살기, 잘 죽기가 있는데 기도 제목 이것은 누구나 갖는 기도 제목이기 때문에 제외한다면 바울이 데실로니가 교인들을 위해 기도한 것처럼 "주님의 부르심에 합당하게 살게 하소서.", "우리의 모든 선한 뜻과 믿음의 행위가 주의 능력으로 완성되게 하소서." 이런 것인데 너무 추상적이고 거창하며 생소해서 상대방을 당혹하게 할 것 같아 부탁하기가 어려운 제목들입니다. 그래서 저는 제 기도 제목을 선뜻 대답하지 못합니다. "시력, 청력, 기억력이 급히 쇠퇴하지 않게 해 주소서."라고 기도 제목을 말하고 싶을 때가 있지만 이것은 본질적인 기도 제목이 아니어서 무엇 때문에 저에게 주께서 그런 은혜를 주시겠는가 하는 생각이 들어 말을 할 수가 없습니다. 바울은 육체에 가시가 있었지만 "내 은혜가 네게 족하다."는 음성을 듣고 그리스도의 능력이 그의 약한 곳에 머무심을 깨닫고 오히려 기뻐하며 더 이상 구하지 아니했습니다. 저는 넘치는 은혜 가운데 사는데 무엇을 더 구하겠습니까?

그러나 굳이 저에게 기도 제목을 말하라고 한다면 "매일 성경을 묵상하며 주 안에 사는 삶을 죽기까지 계속할 수 있게 해 달라는 것." 이라고 대답합니다. 저는 성령이 충만한 한 전도사님을 압니다. 그분은 나를 생각하고 기도할 때마다 나를 위한 기도 제목이 떠오른다고 합니다. 그것이 뭐냐고 물어도 대답해 주지 않습니다. 바울도 데살로니가 교회의 교인들이 기도 제목을 말하지 않았는데도 꼭 필요한 기도를 했는데 저도 그런 분들의 기도로 살고 있다고 생각합니다.

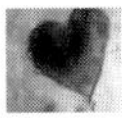 **기도**

자비로우신 주님, 제가 주님께 가까이 할 때마다 주께서 저를 가까이 하심을 믿습니다. 아멘.

기도 부탁(1)

바빌론의 느부갓네살은 유다를 정복하여 유다 성전의 그릇 얼마
를 가져다가 자기네 신전의 보물 창고에 두었을 뿐 아니라 흠 없
고 용모가 아름다운 소년들을 그들의 왕궁에서 부리려고 납치해
갔습니다. 그들 중 다니엘, 하나냐, 미사엘, 아사랴가 있었는데 그
들은 바빌론에 가서도 이스라엘의 하나님만 섬기는 충성스러운 청
년들이었습니다. 이때 느부갓네살 왕은 꿈을 꾸고 자기가 꿈을 꾸
었다고 그 꿈을 해석하라는 명을 전국에 내렸는데 꿈을 듣고 해석
한 일은 있어도 왕이 꾼 꿈까지 말하고 해석 할 수 있는 박수(점쟁
이 혹은 무당)나 술객은 바빌론에 없었습니다. 그러나 왕은 자기의

명을 따르지 못하는 모든 지혜자를 잡아 죽이라는 엄명을 내렸습니다. 자칫하면 다니엘과 그의 친구들도 죽임을 당할 처지가 되었습니다. 그래서 다니엘은 자기의 세 친구들에게 하나님께 기도를 해달라고 부탁했습니다. 자기의 기도 능력이 부족해서 부탁한 것일까요?

저도 한 여 집사로부터 기도 부탁을 받은 일이 있습니다. 예원중학교에 보내려고 초등학교에 다니는 어린 딸을 열심히 서울까지 과외를 보내고 있는 분이었습니다. 꼭 좀 기도를 해 달라는 간청이 있었는데 그저 지나는 말로 해본 부탁이 아니었습니다. 그 집사는 저를 집에까지 불러 앉히고 그 집사는 제 앞에 무릎을 꿇고 기도 부탁을 하는 것이었습니다. 저는 놀래서 그때 어떤 기도를 했는지 기억이 나지 않습니다. 그러나 그 집사의 간절한 기도 부탁 때문에 저는 집에서도 매일 기도할 때마다 그 딸을 위해서 기도하지 않으면 마음이 답답하고 시원하지 않았습니다. 이렇게 매일 기도해서 90일나 100일 쯤 되었을 때 그녀의 딸이 합격했다는 소식을 들었습니다. 그때 그녀는 제 기도 때문에 합격했다고 고마워하는 것이었습니다.

다니엘의 세 친구는 기도 부탁을 받고 어떻게 했을까를 생각하였습니다. 다니엘이 부탁한 대로 "지혜자들과 함께 죽임을 당하지 않게 하옵소서."라고 기도했을 것 같습니다. 가장 간절한 사람은 다니엘인데 그가 하나님께 구한 것을 반복해서 구했으리라는 생각입니다. 기도 부탁을 받은 그들이 하나님을 움직여서 무슨 기적을 일으킨 것이 아닙니다. 무당이 신을 불러 기적을 일으키는 그런 짓 같은 것은 하지 않았을 것입니다. 그러나 다니엘의 기도에 힘을 합해준 것만은 분명합니다. 기도 부탁을 받은 사람은 부탁한 사람의 심정을 살피고 그분에게 지혜를 주시며 낙심하지 않도록 힘을 더해 주는 기도를 해야 한다고 생각합니다. 왜 기도 부탁을 난발하는가? 내가 무슨 도움이 되겠느가 하고 부정적인 생각을 하는 것은 금물이라고 생각합니다.

 **기도**

하나님, 기도의 응답은 하나님을 움직일 생각을 하지 않고 순종함으로 자기가 변화될 때 오는 것임을 믿습니다. 아멘.

기도 부탁(2)

마지막으로, 형제자매 여러분, 우리를 위해 기도해 주십시오. 주의 말씀이 여러분 가운데 퍼진 것 같이 속히 퍼져서, 영광을 받게 되고 또한 우리가 심술궂고 악한 자들로부터 구출 받게 해주시기를 기도하십시오. 사람마다 믿음을 가지고 있는 것이 아닙니다.

살후 3:1-2

우리나라처럼 기도를 열광적으로 하는 나라도 없다고 합니다. 그래서 한국의 새벽기도를 외국 사람들이 많이 수입해 간다고도 합니다. 또 만나면 누구에게든지 기도 부탁을 잘합니다. 어느 구름에서 비가 올 줄 모르니 부탁해 두자는 심정은 아니겠지요?

어느 목사님이 한번은 교인을 만나서 요즘 트럭을 구입했느냐고 물었더니 "무슨 트럭이요?"라고 대답했다는 것입니다. "사업 밑천으로 트럭 한 대가 꼭 필요하다고 기도해 달라고 하지 않았소?"라고 물었더니 머리를 긁적거리며 "아, 그거요. 진즉 포기했습니다."라고 했다는 것입니다. 목사님은 정성을 드려 기도 했는데 막상 부

탁한 사람은 그런 부탁을 한 것도 잊고 있었다는 것이지요

또 어떤 분은 작은 식당을 하나 내고 개업을 했는데 목사님께 식당이 실패하지 않고 번창하도록 기도를 해 달라고 부탁했습니다. 그런데 막상 기다리던 목사님은 바빠서 안 오고 부 목사가 와서 기도하고 갔습니다. 이것 때문에 그분은 목사가 부자만 좋아하고 자기는 사랑하지 않는다며 교회를 옮겼다고 합니다.

기도는 주님과의 대화입니다. 그리고 주는 신랑이고 우리 각자는 신부입니다. 그런데 이 부부간의 대화인 기도를 꼭 누군가가 그 부부 사이에 끼어서 말을 해주어야 되는 것일까요?

데살로니가 후서는 바울이 새로 생긴 지 1, 2년도 안 되는 데살로니가 교인에게 자기를 위해 기도해 달라는 기도 부탁을 합니다. 이 교회는 많은 박해를 받고 있었으며 말세에 대한 잘못된 가르침이 교회 안에 침투해서 혼란한 가운데 있었습니다. 기도의 거장인 바울에 비하면 약하고 약한 그들에게 왜 기도 부탁을 한 것일까요? 바울의 기도 부탁은 구체적으로 복음 전파가 잘 되고 자기를 심술궂고 악한 사람으로부터 건짐을 받게 해 달라는 것이었습니다.

그러나 바울은 고린도에서 데살로니가에 편지를 쓰고 있던 당시 유대인이 자기를 대적하여 비방할 때 주의 환상이 나타나 "내가

너와 함께 있으매 너를 대적하여 해롭게 할 자가 없다(행 18:10)."는 계시를 받았기 때문에 자기의 신변 보호만을 위해서라면 굳이 약한 데살로니가 교인들에게 기도 부탁을 했을 리가 없습니다. 기도 부탁은 자기가 진 짐을 덜고자 하는 것이 아니라 자기의 사역에 적극 동참해 달라는 강권이라고 생각합니다. 데살로니가 교인들에게 기도 부탁을 하여 바울의 사역에 참여하게 함으로 자기가 믿음으로 승리할 때마다 그들도 믿음으로 승리하는 것을 체험하게 하기 위해, 즉 믿음이 강해지도록 기도 부탁을 한 것이라고 생각합니다. 우리는 다른 성도들의 기도 부탁에 응답해야 합니다.

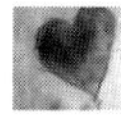 **기도**

하나님, 믿음이 좋은 분으로부터 기도 부탁을 받을 때마다 더욱 열심히 참여하게 해 주십시오. 아멘.

기도 부탁(3)

또 번개가 치고, 음성들이 나고, 천둥이 울리고, 큰 지진이 일어났
는데, 이런 큰 지진은 사람이 땅 위에 생겨난 뒤로 일찍이 없었던 것
입니다. 모든 섬들이 사라지고, 산들이 자취를 감추었습니다.

계 16:18, 20

지난 3월 11일(2011년) 일본의 센다이 근해에서 강도 8.8의 대 지
진이 발생하였습니다. 거기다 큰 쓰나미가 밀려와 미야기현 전체
는 쓰레기장처럼 되어 폐허 속에 사람과 집과 차들을 묻어버렸습
니다. 무슨 재앙입니까? 요한계시록에 보면 일곱 천사가 든 일곱
대접 중 마지막 대접을 공중에 쏟으니 "번개가 치고, 음성들이 나
고, 큰 지진이 일어났다."고 했으며 모든 섬들이 사라지고 산들이
자취를 감추었다고 하는데 그런 대재난을 가까이서 보는 것 같았
습니다. 특별히 저는 외손녀가 JET(Japan Exchange & Teaching) 프로그
램으로 홋카이도 남단의 아오모리에 가 있는데 거기도 재난을 당

해 통신이 끊겨서 며칠 동안은 하나님께 매달려 기도만 했습니다. 일본을 그렇게 미워했는데 그것 때문에 그 나라가 저주를 받은 것이 아닐까 해서 회개하였습니다. 우리나라를 착취하고 애국자를 무자비하게 죽이고, 국모인 민비閔妃를 머리채를 잡고 끌어내어 석유불로 태워 죽이고, 세계 제2차 대전 때는 남자는 징용으로 여자는 정신대로 성노리개 감을 삼았으며, 지금도 역사를 왜곡하고 독도를 자기네 땅이라고 우기는 것을 보면 너무 미워서, 일본 신사 터에 학교를 지을 때 맨 먼저 아마테라스 오미카미(일본 신토 최고의 신)가 앉았던 자리에 화장실부터 지었다는 이야기에 기분이 상쾌해지는 그런 마음을 가졌던 것을 회개한 것입니다. 섬도 산도 지금까지 있었던 것은 다 사라져버리는 세상 종말의 때가 온다면 무엇을 용서하지 못할까 하는 생각이 든 것입니다.

며칠 전 한국에 선교사로 왔던 미국 친구로부터 기도 요청하는 이메일을 받았습니다. 일본 대지진의 생존자를 위해 기도하자는 것이었습니다. "일본의 조상들이 인류역사에 얼마나 가공할 만한 범죄를 저질렀는지 모르기를 원하지 않습니다. 그들은 비열하게 진주만을 기습하여 애리조나 호와 함께 1,177명을 수장했으며 필리핀에서 바타안 죽음의 행진(Bataan Death March; 1942년 필리핀의 바타안 반도에서 미군과 필리핀이 패했을 때 95,000명의 포로를 97km를 도보로 걸려 수용소로 이동하며, 죽이고 목매달고, 칼로 찌르고 낙오된 병사를 죽인 잔악한 행렬)을 시켰으며 미국의 전쟁포로들을 굶겨 죽인 백성입니다. 그러나 이들을 용서하고 기도합시다."라는 호소문이었습니다.

여러 사람에게 보낸 호소문이었기 때문에 한 사람이 댓글을 달았습니다. "동의합니다. 그들의 회복을 위해 기도하려 합니다. 그러나 어떻게 기도해야 할지 막연합니다."

우리가 모든 것을 용서하고 정성 어린 구호의 손길을 보낸다면 그들이 앞으로 독도에 대한 터무니없는 욕심을 철회할까요? 왜 이렇게 꼬리를 달아 기도하려 하는지 부끄러웠습니다. 그냥 하나님의 마음이 되어 측은한 마음으로 상처를 싸매주는 기도를 해야 되겠습니다.

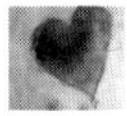 **기도**

하나님, 저들에게 자비를 베푸소서. 마지막 날 크고 흰 보좌 앞에선 나를 보게 하소서. 아멘.

저주를 선포할 때 아멘 할 것이요

'이 율법 가운데 하나라도 실행하지 않는 자는 저주를 받는다.' 하면, 모든 백성은 '아멘' 하여라.

신 27:26

성경 말씀 중에 복을 약속하는 구절이 나오거나 설교자가 복을 선포하면 '아멘, 아멘' 하고 화답하는데 저주의 글이나 그런 설교 말씀(거의 들을 수 없지만)을 들으면 외면할 때가 많습니다. 결국 우리는 말씀을 선별하여 읽거나 듣는 것입니다. 내 마음에 드는 성경 구절만 읽고 싫은 것은 버립니다. 설교 말씀도 내 뜻에 거스르면 듣지 않고 자주 거스르면 교회를 옮겨 버립니다.

이스라엘 백성들은 광야에서 모세로부터 율법을 받고도 불순종으로 40년을 헤매게 되었습니다. 이제 가나안 국경에서 율법에 대한 순종과 불순종의 다짐을 모세로부터 다시 받게 됩니다. 먼저 가나안 땅에 들어가면 해 뜨는 동쪽으로 세겜을 바라보면서 왼편(북쪽)에 우뚝 선 황폐한 에발 산에 돌비를 세우고 율법의 모든 말씀을 기록하라고 합니다. 그리고 야곱의 두 부인의 종인 빌하와 실바 사이에서 태어난 네 지파와 레아의 장남 르우벤 및 막내 스불론을 포함한 여섯 지파를 에발 산을 향해 서게 하고 오른쪽(남쪽)에 우뚝 선 숲이 울창한 그리심 산을 향해서는 정부인 라헬과 레아 사이에서 태어난 나머지 여섯 지파를 서게 한 뒤 여호와의 언약궤를 멘 레위 사람 제사장들이 저주의 말씀을 큰 소리로 낭독하면 모든 백성은 '아멘' 하고 외치라고 말했습니다. 그런데 왜 여섯 지파는 저주의 산 에발을 향해 서게 하고 나머지 여섯 지파는 축복의 산 그리심(신 11:29)을 향해 서게 했는지 성경 기록으로는 분명치 않습니다. 그러나 실제로 여호수아는 가나안 땅에 입성하여 아이 성을 점령한 뒤 세겜에 들어가자 이를 실천했습니다(수 8:33). 또 여호수아가 죽음을 앞두고 "……여러분이 어떤 신들을 섬길 것인지를 오늘 선택하시오. 나와 나의 집안은 주를 섬길 것이오(수 24:15)."라고 이스라엘 민족의 결단을 촉구한 곳도 이곳입니다.

신명기 27장에는 축복의 말씀을 낭독한 것은 나오지 않고 12 가지의 저주의 말씀을 낭독한 것만 나옵니다. 축복의 말씀에는 누구나 우렁차게 '아멘' 할 것이기 때문에 저주의 말씀을 각인시키기 위해 특별히 기록한 것이 아닌가 생각하기도 합니다.

세상을 살아가면 축복과 저주가 교차 됩니다. 저주를 겪지 않은 축복은 참 축복이라고 볼 수 없습니다. 고난과 시련을 꼭 저주로 보아야 할 것인지는 알 수 없지만 고난을 통해 눈물의 기도를 배우며 시련을 통해 하나님의 마음을 읽게 됩니다. 우리는 우리가 지킬 수 없다고 생각되는 말씀을 읽을 때마다 더 '아멘' 하고 받아드리는 자세가 필요하다고 생각 됩니다.

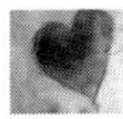 **기도**

하나님, 말씀을 가위질 하지 않고 주신 그대로 받기를 원합니다. 아멘.

남편에게 순종하시오

아내이신 여러분, 주님께 순종하는 것같이, 남편에게 순종하십시오. 그리스도께서 교회의 머리이심과 같이, 남편은 아내의 머리이기 때문입니다. 그리스도께서는 그분의 몸인 교회의 구주이십니다.

엡 5:22-23

요즘 아내에게 "남편에게 순종하시오."라고 하면 간 큰 남자로 생각합니다. 여성 상위 시대가 되어가는 이때에 "순종하시오. 남편은 아내의 머리이기 때문입니다."라고 하면 그냥 듣고 있을 아내가 어디 있습니까? 가정이 평화로우려면 아내의 뜻에 순종해야 한다는 것이 통념인데 성경의 말씀으로 위계질서를 세워보려 해도 안 되는 일입니다. 한 가지 안건에 대해 부부의 의견이 다르면 아내가 신앙이 좋은 교회의 권사라 할지라도 아내의 뜻을 꺾을 장사는 없습니다. 하나님과 나 사이에 의견이 갈라지면 어느 쪽을 따라야 할까요? 다 하나님의 뜻을 따라야 한다고 말합니다. "남편에게 순종하시오."는 바울을 통해 주신 하나님의 말씀입니다. 그러나 아무리 하나님의 말씀이라도 남편과 뜻이 같지 않으면 순종할 수 없다고 합니다. 남편은 전혀 예수님과 닮지도 않았고 고집 세고 자기중심적이기 때문이라는 것입니다. 따라서 사공이 둘인 배는 산으로 올라갈 수밖에 없습니다.

그런데 성경은 남편에게 순종해야 할 이유가 뭐라고 하고 있습니까? 그리스도게서 교회의 머리이신 것처럼 남편은 아내의 머리이기 때문이라고 합니다. 무엇이 머리입니까? 오관을 통해 감성과 이성을 통제하는 곳이며 지혜와 지식의 본산입니다. 예수님께서는 그가 구원하신 자기 몸인 교회의 머리이십니다. 그는 어떻게 교회의 머리가 되셨습니까? 세상의 임금 같은 권력으로 머리가 된 것이 아니고, 하나님을 모르는 세상을 사랑하시되 십자가에 자신을 못 박고 죽기까지 하나님께 순종하셔서 인류를 구원하시고 교회의 머리가 되셨습니다. 그를 머리로 섬기는 '믿는 자들의 모임'이 교회입니다. 이처럼 남편을 머리로 섬기는 사람이 참 아내라는 말입니다.

이것은 일방적인 순종 관계가 아닙니다. 이 글이 시작되기 전에 "여러분은 그리스도를 두려워하는 마음으로 서로 순종하십시오(엡

5:21).”라고 상호적인 순종을 말하고 있습니다. 또 “남편이신 여러분, 그리스도께서 교회를 사랑하셔서서 교회를 위하여 자기를 내주신 것같이, 아내를 사랑하십시오(엡 5:25).”라고 남편에게 권고하고 있습니다. 다만 아내에게 먼저 권고하고 있는 것뿐입니다. 가정의 평화는 아내의 머리는 남편이요 남편의 머리는 그리스도인(고전 11:3) 성경적 질서를 유지하면서 각자 자기의 위치에서 그리스도를 두려워하는 마음으로 순종하는 것이라고 생각합니다. 아전인수격으로 성경을 인용해서는 안 될 것 같습니다.

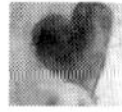 **기도**

하나님, 남편에게 순종할 수 있게 되기를 빕니다. 또한 아내를 그리스도께서 교회를 사랑하신 것처럼 사랑하게 되기를 빕니다. 아멘.

어버이날의 어버이들

예수께서는, 사람들이 와서, 억지로 자기를 모셔다가 왕으로 삼으려고 한다는 것을 아시고, 혼자서 다시 산으로 물러가셨다.

요 6:15

우리나라는 이승만 대통령이 1955년 미국에서와 같이 5월 둘째 주일(5월 8일)을 어머니 주일로 정했는데 그때부터 주일과는 상관없이 5월 8일을 어머니날로 지켜 왔습니다. 1960년부터는 이날을 어버이날로 바꾸었지만 교회에서는 날짜에는 상관없이 5월 첫 주를 어린이 주일, 둘째 주를 어버이 주일로 지키고 있습니다. 어버이 주일의 설교는 의례 부모에게 순종하고 그들을 공경하여야 자녀가 잘되고 땅에서 장수한다고 가르칩니다. 또 완악하고 패역한 아들이 부모의 말을 듣지 않으면 성읍 장로들에게 끌고 갈 때 돌로 쳐 죽이라는 성경 말씀도 있다고 경고합니다(신 21:21). 용돈도 후하게 드리고 효도해야 한다고 의무 조항을 추가합니다. 워낙 가치관이 전도되어 며느리가 우선순위 1위요, 다음이 아들, 다음이 남편, 다음이 애완동물, 다음이 가정부, 다음 6순위가 부모가 되는 대접을 받고 있기도 한 세대여서 이런 설교가 필요한지도 모릅니다.

효도를 하는 사랑하는 자녀를 둔 부모는 이런 설교가 부담스럽습니다. 노령화 시대가 되어 양쪽 부모 부양도 힘 드는데 부모의 생일, 또 어버이날, 아파트의 노인정, 교회의 경로잔치 등을 챙기려면 자녀들의 허리가 휠 것입니다. 이를 생각하면 효도도 그만 하라고 말하고 싶을 때가 있기 때문입니다. 실제로 며칠 전에는 함께 병 든 노부부가 징검다리 연휴에 자식 가족을 다 제주도에 여행시키고 미안하다는 유서와 함께 자살해 버린 사건도 있습니다.

미국의 어머니 주일의 유래는 우리나라와 다른 것 같습니다. 그들은 떳떳하게 어머니 주일에 대접을 받을 수 있는 것처럼 느껴집니다. 미국은 남북전쟁이 끝난 1865년 50만이 넘는 자녀와 남편들을 잃고 노예 문제로 서로 원수같이 된 감정의 앙금 속에서 어머니들이 모임을 갖고 '어머니들이여 일어서라. 무슨 이유로든 전쟁은 안 된다. 의견이 갈라진 가정은 화해해야 한다.' 이렇게 훌륭한 사회운동을 시작한 것이 어머니날의 기원이 되었기 때문입니다.

이를 시작한 사람 중의 하나인 앤 자비스(Ann Jarvis) 부인이 1905년에 사망하자 그녀가 오랫동안 주일학교 교사로 있던 감리교 성공회 교회에서 1907년 어머니들의 미덕을 추모했는데 그 자리에서 그녀의 딸 안나 자비스(Anna Marie Jarvis)는 어머니의 유지를 받들어 500송이의 카네이션을 기증하였습니다. 이것이 계기가 되어 미국은 1914년 윌슨 대통령의 재가를 얻어 매년 5월 둘째 주일을 어머니날로 정하고 공휴일로 선포하게 되었다고 합니다.

얼핏 보면 그들은 당당하고 떳떳하며 사회에서 어머니 구실을 잘 한 것 같아 부럽습니다. 그래서 당당히 어머니날에 대접을 받는 것이 당연하다고 생각됩니다. 그런데 우리 어머니들은 어떻습니까? '나는 아무것도 한 일이 없다.'고 말하며 산으로 숨어서 기도합니다. 어머니날은 오히려 이런 어머니들을 위한 것이 아닐까요?

 **기도**

하나님, 어머니날에 아들을 향한 참 어머니의 마음을 읽게 해 주십시오. 아멘.

아버지께서 일하시니

그러나 예수께서는 그들에게 말씀하셨다. "내 아버지께서 이제까지
일하시니, 나도 일한다."

요 5:17

예수님께서 베데스다 연못가에서 서른여덟 해 동안 일어서지 못
하고 낫기를 바라고 누워 있던 병자를 안식일에 고치셨습니다. 율
법에 철저한 유대인이나 바리새인은 안식일을 범하는 사는 죽여야
했습니다(출 31:15). 예수님도 그것을 알고 있었을 것입니다. 그런데
왜 안식일을 범했을까요? 38년간이나 낫지 않은 병이라면 안식일
을 피해 하루 전이나 하루 후에 고칠 수도 있지 않았을까요? 예수
는 이것뿐 아니라 회당에 있는 손이 오그라든 사람을(막 3:3), 열여
덟 해 동안 귀신 들려 앓으며 꼬부라져 조금도 펴지 못하는 여인
을(눅 13:12-13), 바리새인 지도자의 집에서 수종병(물이 차서 몸이 붓

는 병) 든 사람을(눅 14:4) 다 안식일에 고치셨습니다. 이렇게 보면 예수님께서 아픈 사람을 낫게 하는 것이 안식일을 범하는 것이라고 생각하지 않은 것 같습니다.

당시 유대인들은 유대 전승에 따라 율법을 긍정적(248개)인 것과 부정적(365개)인 계명으로 세분하여 죄를 깨닫게 하기 위해 만들어 놓은 율법을 오히려 인간을 구속하여 생명을 죽이는, 지킬 수 없는 엄한 계명으로 바꾸어 놓았다 합니다. '하나님을 사랑하고 이웃을 사랑하는' 생명을 살리는 길을 막아 버린 것입니다. 그래서 예수님께서 왜 안식일에 병자를 고치느냐는 유대인들의 질문에 "내 아버지께서 일하시니 나도 일한다."고 대답하셨던 것 같습니다.

그들은 하나님께서 안식일에 무슨 일을 하고 계시는지 전혀 생각이 미치지 못한 사람입니다. 이 세상을 창조하고 운행하시는 전지전능하신 능력의 하나님을 잊어버린 것입니다. 그분은 우주 만물을 만드시고 주관하고 관리하십니다. 사람의 생사화복은 하나님께서 주관하십니다. 안식일에 태어나고 죽는 것을 중단할 수 있습니까? 안식일이라고 지구가 자전하고 공전하는 것을 일하면 안 된다고 방치할 수 있습니까? 하나님은 쉬지 않고 일하십니다. 이것은 가시적인 지상의 일입니다. 그것보다도 하나님께서는 아담이 죄를 범한 후로 인류가 죄인이 된 것을 측은히 여기시고 계속 그들이 온전한 안식을 회복하게 하기 위해 인류의 구원사역을 쉬지 않으십니다. 예수님은 표적을 통해 자신이 하나님의 아들이심을 나타내시고 그는 하나님과 함께 구원사역을 계속하고 있다고 말하십니다. 그래서 "아버지께서 죽은 사람들을 일으켜 살리시니, 아들도 자기가 원하는 사람들을 살린다(요 5:21)."라고 병자를 고치신 당위성을 말합니다.

예수님은 병자를 살리셨기 때문에 미움을 받았습니다. 자기가 하나님의 아들이라고 말했기 때문에 군중들은 그를 더욱 미워하여 십자가에 못 박았습니다. 우리두 지금 말씀에 대한 무지로 예수님을 십자가에 다시 못 박는 일을 하고 있지 않은지 우리 자신을 되돌아봐야 하겠습니다.

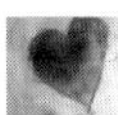 **기도**

하나님, 썩을 양식을 위하여 일하지 말고 영원한 양식을 바라보게 해 주십시오. 아멘.

행함에 따른 상

우리가 다 그리스도의 심판대 앞에 나가는 날에는 우리가 육체에
머물러 있는 동안에 한 일들이 숨김없이 드러나서 잘한 일은 상을 받
고 잘못한 일은 벌을 받게 될 것이기 때문입니다.(공동번역)

고후 5:10

교회를 다니면서 예수를 믿고 구원을 받은 우리는 종말에 그리
스도의 심판대 앞에 담대히 나갈 수 있다고 생각하고 있는데 위
고린도후서의 성구를 보면 불안해지고 걱정이 됩니다. 마지막 심
판대 앞에서는 육체를 가지고 있는 동안에 한 일이 숨김없이 드러
나서 잘한 일은 상을 받고 못한 일은 벌을 받는다는데 제가 잘한
일이 무엇일까 두렵습니다. 먼저 성수주일과 십일조부터 잘했다는
생각이 들지 않습니다. 계시록에는 "보아라, 내가 곧 가겠다. 나는
너희 각 사람에게 그 행위대로 갚아 주려고 상을 가지고 가겠다(계
22:12)."라는 무서운 말도 있습니다. 행위로는 구원을 얻을 수 없으

며 오직 믿음으로 구원을 받는다고 알고 있는데 하나님의 심판대
에서는 믿음에 행위가 필수적으로 더해지는 것 같이 느껴집니다.

하나님께서는 구원을 약속하셨을 뿐 아니라 자기를 찾는 사람에
게 상을 주시는 분입니다. 따라서 바울도 하나님께서 위에서 부르
시는 부름의 상을 받기 위해 달려간다고 말했습니다. 또 경기장에
서 달려도 상 받는 사람은 하나뿐인데 이같이 우리도 상을 받을
수 있도록 달리라고 말합니다. 우리가 상을 못 받으면 어떻게 됩니
까? 마지막 날에는 심판이 불로 나타날 것인데 그때 우리가 행한
공적이 타버리면 구원을 받아도 불 속에서 꺼내진 나무 같이 부끄
러운 구원을 받을 것이라고 합니다(고전 3:15). 천국의 상에도 1등상
2등상, 3등상······ 이렇게 차등이 있을까요? 천국에 가면 어떤 사
람은 금은보석으로 꾸민 집, 또 어떤 이는 초가집, 또 어떤 이는
'길가' 같은 부끄러운 상을 받는 것일까요?

천국은 공간적인 개념으로 이해되는 곳도 아니며 물질적이 것으
로 상이 해석되는 곳도 아닙니다. 상을 받는 행위가 무엇입니까?
행위는 구원의 원인이 아니고 결과 또는 열매입니다. 구원 받은 사
람은 각양각색의 은사를 받아 주를 섬기다 떠나게 됩니다. 그런데
그 은사에 따른 행위대로 주께서 상으로 갚아 주시겠다고 합니다.

내가 한 행위로 하나님께 무엇을 주장할 수 있습니까? '우리는 쓸모없는 종입니다. 우리는 은혜로 받은 구원 때문에 마땅히 해야 할 일을 하였을 뿐입니다.'라고 해야 할 종이 하나님께 자기의 한 일을 자랑하고 어떤 상을 달라고 한다면 이것은 있을 수가 없는 일입니다. 상은 하나님께서 정하십니다. 상 받을 자는 하나뿐이라는 생각으로 푯대를 향해 달려가면 됩니다. 갚아주실 분은 하나님이십니다. "잘 하였다. 충성된 종아."라고 칭찬해 주시면 그것이 나에게는 약속하신 상입니다.

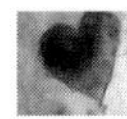 **기도**

하나님, 위에서 부르시는 부름의 상을 향해 열심히 달려가겠습니다. 아멘.

순간에 추락한다

근신하라 깨어라 너희 대적 마귀가 우는 사자 같이 두루 다니며 삼
킬 자를 찾나니

벧전 5:8

그리스도인들은 조금도 경계의 태세를 늦추지 말고 깨어 있으라고 합니다. 마귀가 언제나 사악한 공격을 하기 위해 기회를 엿보고 있기 때문입니다. 마귀는 이 세상에서 우리를 공격하여 잠깐의 실수로 세상 사람들의 조롱거리를 만들며 저주와 부끄러움으로 고개를 못 들게 합니다.

그런데 마귀는 요즈음 사이버 세상에서 더 크고 무서운 세력을 과시합니다. 우리는 현실 세계에 살고 있는 것보다 사이버 세계에 더 의존해 살고 있기 때문에 이것은 큰일입니다. 과거에는 제8회 대한민국 e금융상 대상을 수상했다는 농협이 지금은 사이버 테러를

만나 버벅거리고 있습니다. 얼마 전에는 디도스 공격으로 국내 공공 기관과 주요 포털 사이트의 기능이 마비가 된 일이 있습니다. 청와 대, 외교통상부, 국가 정보원, 통일부, 국회, 방위사업청, 국세청 등 도 어려움을 당했습니다. 전시에 이런 일이 생긴다면 어떻게 되겠습 니까? 요즘은 사이버 세계가 현실 세계를 지배하고 있습니다. 인터 넷 불법도박으로 110억 원이나 돈을 번 사람이 그것을 매형을 시켜 그 돈을 마늘밭에 숨겨 놓았다고 합니다. 이것은 가상세계에서 한 도박이 현실에서 5만 원 권의 뭉칫돈으로 나타난 것입니다.

대적 마귀는 우는 사자 같이 이 세상과 사이버 세상을 자유롭게 넘나들며 삼킬 자를 찾고 있습니다. 인터넷에 심취해 있고 이를 즐 기면서도 컴퓨터의 운영 프로그램이 무슨 짓을 하고 있는지 모르 는 저 같은 대중은 왜 이런 사태에 대비하지 못하느냐고 비난하고 외칩니다. 그런데 지난번에는 제게도 문제가 생겼습니다. 제가 보 내지도 않은 메일이 여러 사람에게 전해진 것입니다. 그것은 비아 그라 선전 내용이었습니다. 젊은 목사가 저에게 이메일을 보냈느 냐고 말하면서 비아그라 선전이 들어와서 한번 웃었다고 말했습니 다. "점잖은 분이 무슨 짓이야?" 하고 웃었겠지요. 그런데 또 친구 에게서 메일이 왔습니다. 이번에는 "비아그라 선전 잘 보았네. 그런데 나는 아직 먹을 필요가 없네." 이런 말이었습니다. 외국에 있는 여자 제자에게 일이 있어 전화했더니 "선생님, 저에게 멜 보냈어요?" 하고 대뜸 물었습니다. 그런 일 없다고 내가 해킹 당한 것 같다고 했더니 그런 줄 알았다면서 자기도 메일 하나를 잘못 열었더니 그것이 여러 사람에게 전달되어 애먹은 일이 있다고 말했습니다. "뭐야, 그럼 내가 비아그라 사이트를 열어서 그렇게 되었단 말이야?" 하고 너무 부끄러워졌습니다.

저는 3개월마다 한 번씩 이메일의 비밀번호를 바꾸라는 통지가 오는데 한 번도 바꾸지 않았습니다. 비밀번호를 바꾸면 곧 잊어버리기 때문입니다. 윈두우의 최신 보안 버전을 업데이드하라는 창이 뜨는데 언제나 다음에 하겠다고 게을리 했습니다. 이것이 최신 보안패치를 받아두지 못해 해킹 당하기 쉬운 상태로 지내온 것이 아닌가 생각합니다. 사이버 세상이나 실 세상에 살면서 언제나 깨어 있어야 하겠다는 생각을 다시 하게 되었습니다. 한순간에 우리는 마귀에게 먹혀버리기 때문입니다.

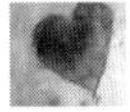 **기도**

하나님, 제가 부끄러운 구원을 받지 않도록 깨어 있기를 빕니다. 아멘.

새사람을 입으라

너희는 유혹의 욕심을 따라 썩어져 가는 구습을 따르는 옛 사람을 벗어 버리고 하나님을 따라 의와 진리의 거룩함으로 지으심을 받은 새사람을 입으라.

엡 4:22,24

옛날 생활방식을 버린다는 것은 쉬운 일이 아닌 것 같습니다. 저는 이번에 오른쪽 눈의 백내장 수술을 했는데 아직 적응을 제대로 못하고 있습니다. 원래 저는 근시였기 때문에 가까이에 있는 잔글씨를 읽을 때에는 안경을 벗어야 하고 먼 곳을 볼 때에는 안경을 끼어야 똑똑히 볼 수 있었습니다. 그런데 시일이 지나자 눈이 흐려져서 안경으로는 더 이상 시력 교정이 되지 않아 결국 백내장 수술을 하게 된 것입니다. 수술을 한 뒤는 안경을 쓰지 않고 사물을 보게 되었습니다. 그런데 문제는 가까운 거리는, 안경을 벗고 보는 옛날처럼 또렷이 보이지 않고 먼 거리도 안경을 썼을 때처럼 선명하게 보이지 않게 된 것입니다.

이 장황한 이야기는 '구습' 때문입니다. 가까운 잔글씨가 안 보이면 없는 안경을 벗으려고 계속 손을 눈에 올리게 됩니다. 눈물이 나도 안경이 있다고 생각해서 안경 밑으로 손을 넣어 닦으려 합니다. 외출할 때는 안경을 찾게 됩니다. 운전하다 앞이 잘 안 보이면 손으로 없는 안경을 더듬게 됩니다. 안경과 맺은 인연은 벌써 60년이 다 되어 갑니다. 그러니 어떻게 옛날 생활방식을 쉽게 버릴 수가 있겠습니까? 이 작은 습관도 버리기가 힘 드는데 모든 중독 환자들이 구습을 버리기가 얼마나 어렵겠습니까? 아침에 눈을 뜨면 다시는 술을 안 마시겠다고 무릎을 꿇고 빈 남편이 저녁에는 곤드레가 되어 다시 부인을 때리는 일, 성추행을 못 하도록 발찌를 채워 놓았는데 발찌를 찬 채 성추행을 하는 성도착자, 백화점을 가기만 하면 물건을 훔치고 싶어지는 도벽환자, 도박에 미친 사람, 증권에 미친 사람, 정치에 미친 사람, …… 이들은 죽지 않으면 이 버릇을 고칠 수가 없습니다. 죽어야 합니다. 바울은 예수 그리스도가 십자가에 못 박힐 때 자기 자신도 못 박혀 죽었다고 말했습니다(갈 2:20). 즉 자기의 옛 사람이 죽고 이제는 육이 아니고 영으로 새롭게 태어났다는 것입니다. 그래야만 옛 사람, 옛 생활방식을 버릴 수 있습니다.

저는 옛 눈과 새 눈을 하나씩 가지고 있습니다. 옛 눈으로 보는 세상은 빛바랜 사진처럼 온 세상이 세피아 색깔로 보이고 새 눈으로 본 새 세상은 배경이 눈부신 흰 세상으로 밝게 보입니다. 그렇다고 옛 눈은 육신의 정욕과 눈의 욕심과 삶에 대한 자랑만 보이고(요일 2:16) 새 눈은 하나님을 따른 의와 진리의 거룩함만 보이는 것이 아닙니다. 새 눈이라 할지라도 다 같이 육신의 눈이기 때문입니다. 그러나 때가 되어 다 초점 렌즈로 시력을 조정하면 영의 눈이 열려 주님을 모시고 사는 사람이 볼 수 있는 새사람의 눈이 되었으면 좋겠습니다. 어떤 분은 백내장 수술을 한 뒤 너무 눈부시고 아름다운 세상을 보고 "참 아름다워라……"의 찬송을 수십 번 불렀다는데 그 아름다운 세상이 구습을 못 버린 추한 것이라면 되겠습니까?

 **기도**

주, 하나님, 제가 영적으로 거듭나서 주께서 지으신 참 아름다운 세계를 보기를 희망합니다. 아멘.

니고데모는 거듭났는가

예수께서 대답하여 이르시되 진실로 진실로 네게 이르노니 사람이
거듭나지 아니하면 하나님의 나라를 볼 수 없느니라(개역개정)

요 3:3

바리새인이며 유대인 지도자였던 니고데모가 예수께 와서 "당신
은 하나님께로부터 오신 선생"이라고 말하자 예수는 "사람이 거듭
나지 않으면 하나님 나라를 볼 수 없다."고 말했습니다. 그가 다시
"사람이 늙으면 어떻게 날 수 있느냐?"고 물었을 때 예수는 다시
"사람이 물과 성령으로 나지 아니하면 하나님 나라에 들어갈 수
없다."고 대답했습니다. 동문서답 같은 예수님의 대답은 니고데모
의 구하는 것을 알고 그것은 거듭나야 얻을 수 있다고 말씀하신
것입니다. 그러나 그때 니고데모는 분명 예수님의 성령으로 나야
한다는 참 뜻을 이해하지 못한 것이 분명합니다. 성령은 바람과 같

은 것이라고 설명해도 그가 알아듣지 못하자 땅의 일을 말하여도 믿지 못하는 자가 어떻게 하늘의 일을 믿겠느냐고 예수님이 말했기 때문입니다. '거듭난다는 말이 무슨 말인가? 늙었는데 다시 모태로 들어가서 다시 날 수 있다는 말인가?' 하고 천진난만하게 생각하던 니고데모는 과연 거듭나서 구원을 얻었을까 궁금해집니다.

예수님은 왜 하늘에 속한 성령을 이 땅의 바람과 비교해서 설명했을까요(요 3:8)? 바람과 성령은 눈에 보이지 않지만 바람은 소리를 내기도 하고 나무 가지를 흔들기도 합니다. 마찬가지로 성령으로 거듭나면 하나님께서 우리를 변화시켜 다른 사람에게 무엇인가 변화된 우리의 모습을 은연 중 보여주게 된다는 뜻이 아닐까요?

우리도 구원을 얻기 위해서는 성령으로 거듭나야 한다는 이론을 잘 알고 있습니다. 예수를 우리의 구주로 믿기만 하면 그것이 거듭나는 것이며 구원을 얻는 것이라고 자랑스럽게 말합니다. 그러나 우리는 매주 교회에 나오고 "주여, 주여" 하면서도 천국에 들어가지 못할지도 모릅니다(마 7:22). 이런 우리를 보면서 저는 니고데모는 거듭났다고 말하고 싶습니다. 예수를 만난 후 그는 유대 지도자들이 예수를 잡고자 했을 때 사람의 말만 듣고 그 행한 것을 알기 전에는 심판할 수 없다(요 7:51)고 말했으며 예수께서 운명하신 뒤 그를 장사할 때 몰약과 침향 섞은 것을 가져와(요 19:39) 그를 매장하는데 동참했습니다. 이것은 그의 변화된 모습입니다.

저는 거듭났다고 입으로는 말하면서 성령의 열매를 맺지 못하고 있습니다. 성령의 열매는 사랑과 희락과 화평과 오래 참음과 자비와 양선과 충성과 온유와 절제(갈 5:22-23)인데 저는 하나님께서 우리에게 주신 독생자의 사랑이 제 속에 머물고 있는지, 우리에게 약속하신 희락과 주의 내적 안식과 화평이 내 속에 열매 맺고 있는지 확신이 없습니다. 남에 대하여 오래 참지 못하며 하나님의 자비를 베풀지 못하며 선행은 더더욱 못합니다. 성령의 인도함으로 충성하고, 온유하고 자제하는 능력을 갖추지 못하고 있습니다. 이러한 저도 거듭나서 구원을 받는다면 니고데모는 말할 것 없이 거듭난 것입니다.

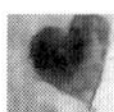 **기도**

사랑이신 하나님, 주 안에서 제가 진정 거듭나고 싶습니다. 아멘.

추모합니다

> (생명수의 강이) 도시의 넓은 거리 한가운데를 흘렀습니다. 강 양쪽에는 열두 종류의 열매를 맺는 생명나무가 있어서, 달마다 열매를 내고, 그 나뭇잎은 민족들을 치료하는 데 쓰입니다.
>
> 계 22:2

위 내용은 사도 요한이 마지막으로 본 천국의 환상입니다. 우리 성도들이 죽어서 갈 곳이기도 합니다. 알파와 오메가요 시작과 마침이신 하나님이 창조하신 세상을 마감하실 모습을 본 것입니다. 하나님께서 세상 창조를 마치셨을 때에 에덴동산에는 생명나무가 (창 2:9) 있었습니다. 그런데 아담이 하나님의 말씀을 순종하지 않아 죄를 범했을 때에 "이제, 땅이 너 때문에 저주를 받을 것이다. 너는, 죽는 날까지 수고를 하여야만, 땅에서 나는 것을 먹을 수 있다."고 하나님께서 말씀하시며 "그를 쫓아내신 다음에, 에덴동산의 동쪽에 그룹들을 세우시고, 빙빙 도는 불칼을 두셔서, 생명나무에 이르는 길을 지키게 하시고(창 3:24)." 인간이 접근하지 못하게 하셨습니다. 그런데 마지막 날에는 강 양쪽에 생명나무를 두고 열두 종류의 열매를 맺게 해서 사람이 먹을 수 있게 하셨습니다. 그뿐 아니라 그 나뭇잎은 상처 받은 인간을 치유하는 약이 되게 하신 것입니다. 예수 그리스도의 순종을 통해 천국에서 이 용서와 치유의 기쁨을 주시지 않았다면 믿는 자의 소망이 헛되었을 것입니다.

저는 존경하는 목포 성모의원의 원장님을 지난 21일(2011년 3월) 하나님 곁으로 보냈습니다. 24살에 의과대학을 마치시고 9년간 군의관으로 근무하시다가 전주를 잠깐 들려 50년 가까이를 목포에서 사시면서 목포 시민들을 사랑하고 가족을 사랑하며 병원을 비우지 않고 지낸 분입니다. 여든둘에 하나님의 부르심을 받았는데 노령화되어가는 시대에 노인들을 돕고 싶어 서울까지 세미나와 강연회에 다니면서 학회 참석 점수를 쌓아서 대한 노인병학회에서 실시하는 노인병전문의 자격인정증을 받았습니다. 또한 대한 IMS(근육내 자극술) 회원으로 시술인증자격을 가지고 두통, 요통, 관절염 등 만성연부 조직통 등을 침술과 비슷한 방법으로 환자들을 치료하셨습니다. 간암 말기의 진단을 받고 통증을 참으며 집에서 와병 중에 있을 때에도 친한 환자가 오면 나가서 치료를 해주었습니다. 그래서 와병 후 40여 일만에 소천 되었을 때 목포 시민들은 그것을 믿지 못했습니다. 사람은 다 그렇게 죽는 것이 아니냐고 말할지 모르지만 하나님께서는 당신을 사랑하신 아들을 아십니다. 하나님은 줄지어 애도하는 세상 모든 사람의 눈물과 그분을 보낸 단 한 사람의 눈물을 같이 보십니다. 공덕으로 수천수만의 칭송을 받는 분과 말없이 남기고 간 이웃과 가족에 대한 그분의 흔적을 같은 크기로 보십니다. 그래서 그렇게 의욕적으로 타인만을 위해 살다가 간 그분을 요한에게 보여준 낙원에 불러 애통하는 것이나 곡하는 것이나 아픈 것이 다시 있지 않게 해 주신 것입니다. 그분은 이미 주님을 영접했을 때에 주와 동행하며 생명나무의 이파리로 병자를 치유하고 계셨습니다.

 **기도**

하나님, 고통과 수고를 다 마치고 광명한 천국에 가신 원장님을 주님 곁에서 안식하게 하소서. 아멘.

하 목사의 마지막 설교

이는 우리 복음이 너희에게 말로만 이른 것이 아니라 또한 능력과 성령과 큰 확신으로 된 것임이라(because our gospel came to you not simply with words, but also with power, with the Holy Spirit and with deep conviction)(개역개정 및 NIV).

살전 1:5a

하용조 목사는 2011년 7월 31일 "변화산에서 생긴 일"이라는 제목으로 주일 설교를 하신 뒤 다음날 새벽에 뇌출혈로 쓰러져 8월 2일 세브란스 병원에서 오전 8시 40분에 소천 되셨습니다.

저는 이번에 데살로니가 전서 1장으로 성경 공부를 인도하고 있었기 때문에 하 목사님의 소천으로 많은 것을 깨닫고 여러분과 그 생각을 나누고 싶어졌습니다. 데살로니가 교회는 역사는 짧았지만 바울이 전한 복음을, 교인들이 기쁨으로 받아들이고, 믿음의 소문이 각처에 퍼진 아름다운 교회였습니다.

한국 개신교의 위기의 하나는 복음을 제대로 전하는 목자가 없다는 사실을 들고 있습니다. 설교자가 다만 사람이 준 지혜의 말, 만담, 세속적인 유머, 그리고 청중을 웃겨서 사로잡는 말을 하고 성령의 능력이 보여준 증거(고전 2:4)로 하지 않는다는 것입니다. 복음은 사람으로부터 온 것이 아니라 밖으로부터, 하나님으로부터 복음이 이를 모르던 우리에게 다가온 것입니다(came to you). 설교자는 복음 자체인 예수님을 우리 앞에 보여 주는 사람입니다.

하용조 목사는 온갖 병으로 사활의 경계선에서 언제나 그날 설교가 마지막이라는 생각으로 말씀을 전했습니다. 무슨 명예와 권력과 부귀를 그가 탐할 수 있었겠습니까? 그는 신자들에게 예수님을 전하고 싶은 생각뿐이었습니다. 그는 마지막 설교에서 변화산을 언급했는데 흰옷 입은 예수님의 모습이, 저에게는 설교하는 하 목사의 모습이라고 느껴졌습니다. 그는 지상에서가 아니라 하늘에서 하나님의 음성으로 설교하셨습니다. 그는 피곤하다가도 설교하면 힘이 생긴다고 말했습니다. 어디서 나온 힘입니까? 성령으로 말미암아 하나님께서 주신 힘입니다. 한마디라도 더 전하고 싶었을 것입니다.

안타까운 것은 듣는 사람들이 말씀으로 변화되지 않고 교회 마당만 밟고 다니며 자기 유익을 위해, 또 복 받기 위해 앉아서 선포

된 말을 사람의 말로만 듣고 복음으로 변화 되지 않은 현실에 하 목사님은 안타까움을 느꼈을 것입니다. 그는 설교에서 "교회는 하나님의 영광과 임재의 능력이 가득 차서 들어올 때마다 두려움과 떨림으로 들어와야 한다. 하나님의 임재 속에는 언제나 하나님의 음성이 나타난다."라고 했습니다. 평소에 예배공동체, 성령공동체를 강조하셨는데 예배공동체에서 성령의 역사로 말씀이 제대로 선포되고 성도가 기쁨으로 말씀을 받아드려서 거듭난 성도가 되기를 원했다고 생각합니다. 그렇게 해서 75,000명의 온누리 교인들이 선교공동체가 되기를 원했던 것입니다.

하 목사님은 마지막 설교를 '블레싱 무슬림'으로 시작하면서 코리안 드림을 안고 온 외국인 노동자 200만의 95%가 무슬림인데 그들은 조국과는 달리 이곳에서는 종교적으로 무장해제가 된 사람들이라고 말했습니다. 이들을 보듬으라고 말하며 수가성 여인의 예화로 설교를 끝냈습니다. "와서 내 과거를 모두 말해준 사람을 보시오. 이분이 그리스도가 아니겠습니까?"라고 순박하게 말한 여인을 들어 도전했습니다. "여러분은 최소한 수가성 여인보다도 높은 학력을 가지고 있고 높은 지위를 가지고 있는 분들입니다. 그러나 나는 오늘 여러분의 마음이 가난해져서 수가성의 여인처럼 우리 주 예수 그리스도가 나의 메시아임을 여러분이 발견하고 그분 앞에 눈물을 흘리는, 나의 주 나의 하나님이라 고백하는 아침이 되었으면 좋겠습니다." 이것이 사도행전 29장을 쓰고 싶다는 그분이 강대상에서 외친 마지막 말이었습니다.

 **기도**

예수님, 하 목사님을 영원한 안식으로 인도하십시오. 그리고 이 땅에 제2, 제3의 하 목사님을 보내 주십시오. 아멘.

시험 잘 보게 해 주세요

너희는 먼저 하나님의 나라와 그의 의를 구하여라. 그리하면 이 모든 것을 너희에게 더하여 주실 것이다.

마 6:33

한 집사님은 아들이 수능시험을 보게 되어 기도를 하기 시작했습니다. 자기는 아들을 도울 지혜도 없고 능력도 없어 생수를 떠 놓고 신령님께 빌듯 지성으로 하나님께 기도를 드릴 수밖에 없다고 생각한 것입니다. 아들 하나만은 공사판에서 막노동을 하는 남편처럼 살게 하지 않겠다는 것이 이 집사의 소원이었습니다. 그런데 아이가 어느새 커서 대학에 들어갈 나이가 되었습니다. 꼭 좋은 대학에 진학을 시켜야 하는데 믿고 의지할 분이 하나님 밖에 없었습니다. 그래서 새벽마다 기도회에 나와 울면서 하나님께 매달려 꼭 시험을 잘 보게 해 달라고 기도했습니다. 그런데 기도만 해서는 안 될 것 같았습니다. 뭔가를 드려야겠다는 생각으로 '일천번제'라는 이름의 헌금을 시작했습니다. 헌금을 많이 드려 좋은 성적을 얻는다면 빚을 내서라도 드리고 싶었습니다. 곰곰이 생각하다 목사님께 부탁해서 기도를 더 힘 있게 해 달라고 하는 것이 효과가 있을 것 같아 용기를 내어 목사님을 찾았습니다.

"목사님, 우리 아들이 이번에 수능시험을 보는데 잘 보게 해달라고 기도 좀 해주세요."

"시험은 공부를 잘 해야지 기도한다고 됩니까?"

"공부를 잘하면 기도해 달라고 하겠어요? 못 해도 하나님께 매달려 어떻게 해 달라는 것 아닙니까? 하나님은 무엇이든지 하실 수 있잖아요."

"물론 하나님은 주시기를 좋아하십니다. 그러나 하나님을 두려워하고 섬기는 것이 아니라 무얼 맡겨 놓은 것처럼 이것 달라, 저것 달라 하면 좋아하시겠어요?"

"그래도 아무것도 안 들어주신다면 무엇 때문에 기도하고 교회 다닌데유?"

"하나님을 기쁘시게 하기 위해 다니는 것입니다. 그런데 '일천번제'라고 우리 교회에서는 듣지도 못한 헌금 낸다고 하나님이 기뻐하시겠어요? 그러지 말고 아들이 학교에 나가기 전에 매일 5분만 붙들고 하나님께서 지혜 주시라고 기도해 보십시오."

이 자매는 목사님의 말대로 그것도 해 보리라고 생각하고 아들을 붙들고 눈물로 매일 기도했습니다. 수능이 끝났는데 역시 좋은 성적이 아니었습니다. 대학을 취직이 잘 된다는 산업대학 야간을 택해 지원하였습니다. 한번은 목사가 물었습니다.

"기도 응답을 받았나요?"

"네. 산업대학의 야간을 지원했는데 장학금을 받았습니다." 그리고 환한 얼굴로 말했습니다. "그것보다도 이 애가 이제부터는 나를 따라 교회에 나오겠답니다."

하나님께서는 자기 욕심을 위해 구해도 아들의 장래를 위해 더 나은 것을 주시는데 먼저 하나님의 의를 구하면 얼마나 풍족한 열매를 주실까요?

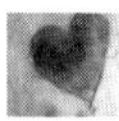 **기도**

하나님, 내 욕심이 아니고 먼저 하나님의 의를 구하게 해 주십시오. 아멘.

애꾸눈으로 본 세상

그들은 그 땅을 탐지하러 갔다가 사십 일 만에 돌아왔다. 그들은 모세에게 다음과 같이 설명하였다. "우리더러 가라고 하신 그 땅에, 우리가 갔었습니다. 그곳은 정말 젖과 꿀이 흐르는 곳입니다. 이것이 바로 그 땅에서 난 과일입니다."

민 13:25,27

이스라엘 백성이 광야에 있을 때에 12지파에서 한 사람씩 택한 12명의 정탐꾼을 가나안 땅으로 보냈습니다. 그때 이들은 같은 것을 보고 와서 위 성경 구절과 같은 보고를 하였습니다. 그러나 여호수아와 갈렙을 제외한 10명은 그 땅의 백성은 거인들이어서 공격할 수 없다고 말했고 여호수아와 갈렙은 여호와가 우리와 함께 하시니 그들은 '우리의 밥'이라고 보고했습니다. 똑같은 것을 왜 이렇게 틀리게 보는 것입니까? 김수환 추기경이 자기는 일반 서민과 같지만 똑같을 수 없는 자리에 있었다고 하는 말이 생각납니다. 같은 것을 같게 볼 수 없었다는 이야기입니다.

저는 이번에 아내와 함께 한쪽 눈의 백내장 수술을 했습니다. 수술을 끝내고 안대를 하고 집으로 운전해서 와야 하는데 병원에서 "아버님, 본인이 운전하고 가시는 것은 위험합니다. 우리 병원은 '안전귀가제도'를 운영하고 있습니다. 대리운전자를 불러드리겠으니 그렇게 귀가하시지요."라고 해서 병원에서 서비스를 잘 한다고 생각했는데 운전자가 집에 도착하자 이만 원을 요구했습니다. 우리 집은 시내에서 멀어서 40분은 걸리는 거리였습니다. 다음날 또 병원에 가야 되는데 대리운전자를 부르기 싫어서 제가 애꾸눈으로 운전하고 갔습니다. 세상은 외눈이라고 달리 보이는 것이 아니고 두 눈으로 보는 것과 똑같았습니다. 돌아올 때는 안대를 때고 왔기 때문에 이제는 두 눈으로 왔는데 시력이 밝아져서 더 잘 보였지만 없는 것이 보이는 것노 아니었습니다. 다만 외눈이었을 때는 열쇠를 열쇠고리에 거는데 잘 걸리지 않고 3.1절에 국기를 다는데 실을 구멍에 잘 펠 수 없는 것 정도였습니다.

외눈박이 원숭이가 사는 마을에 갔더니 양 눈을 가진 원숭이가 병신 취급을 받았다는 이야기도 생각났습니다. 외눈박이 원숭이가 자기들이 보는 세상이 제대로 된 세상이라고 우길 수 있겠다는 생각을 하였습니다. 왜 하나님께서 두 눈을 주셨습니까? 두 눈이라야 정확한 거리 감각이 생기기 때문입니다. 거리 감각이 없어도 살 수는 있습니다. 외눈박이 원숭이가 사는 나라에서는 그들과 똑같은 것을 보고 살 수 있습니다. 그러나 두 눈을 가진 원숭이는 외눈박이 원숭이가 보는 것에 알파를 더해서 볼 수 있는 감각이 있습니다.

여호수아와 갈렙도 가나안에서 똑같은 것을 보았습니다. 그러나 똑같은 것을 그대로 볼 수 없었습니다. 그들은 하나님께서 준 영안을 가지고 있었기 때문에 다른 사람이 보지 못한 환상을 본 것입니다.

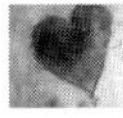 **기도**

하나님, 저는 애꾸눈으로 세상을 보고 자기 의를 주장하지 않는지 돌아보게 해 주십시오. 아멘.

가인의 제물

> 아벨은 자기도 양의 첫 새끼와 그 기름으로 드렸더니 여호와께서
> 아벨과 그의 제물은 받으셨으나 가인과 그의 제물은 받지 아니하신지
> 라 가인이 몹시 분하여 안색이 변하니
>
> 창 4:3-4

성경을 대하고 처음 창세기 몇 장을 읽어가다가 바로 부딪치는 의문은 아버지의 가업을 이어 농사짓는 가인은 농산물로 제물을 삼아 여호와께 제사를 드리고 동생 아벨은 양을 치므로 양의 첫 새끼와 기름으로 드렸는데 왜 아벨의 제사는 받고 가인의 제사는 안 받으셨을까 하는 것입니다. 또 가인이 어떻게 해서 자기 제사는 안 받고 아벨의 제사만 받은 것을 알고 몹시 분해하였는가 하는 것이고 마지막으로 도대체 그들은 무슨 동기로 어떤 생각으로 제사를 드렸을까 하는 것입니다. 성경의 히브리서 11:4에서는 "믿음으로 아벨은 가인보다 훌륭한 제물을 하나님께 바쳤습니다. 이런

제물을 바침으로 말미암아 그는 의인이라는 증언을 받았으니……”
라고 쓰고 있으니 가인은 의인이라고 인정받는 제물을 바치지 않
은 것 같습니다. 어떤 분은 ‘가인은 세상에 올 어린양 예수를 예표
豫表하는 피의 제사를 안 드렸기 때문’이라고 합니다. 그렇다면 가
인은 열심히 농사를 짓고 제물은 양을 사서 드려야 된다는 말입니
까? 하나님께서는 “……이제, 땅이 너 때문에 저주를 받을 것이다.
너는, 죽는 날까지 수고를 하여야만, 땅에서 나는 것을 먹을 수 있
을 것이다(창 3:17).”라고 아담에게 말했습니다. 이 말씀을 듣고 수
고하며 농사를 짓고 있는 아버지를 보면서 가인도 숙명처럼 농사
를 지으며 “이 정도면 최상품의 제물이 되겠지.” 하고 의무적인 제
물을 하나님께 드리지 않았을까요? 그러나 하나님께서는 가인의
형식적인 태도가 마땅하지 않아 그 제물을 안 받았을지도 모릅니
다.

　우리도 하나님께 예배를 드릴 때에 찬양을 합니다. 기도를 올립
니다. 그리고 헌금을 바칩니다. 그런데 성가대에서 “나는 처녀 때
부터 성가대에 섰으니 여기서 죽어 떠나야 하나님이 기뻐하실 거
야.”라고 생각하며 찬양대를 안 떠나는 사람은 없는지요. 또 기도
를 드리며 “우리 교회에 2만 성도를 보내주신 것을 감사합니다. 그

런데 하나님의 영광을 가리는 군소 교회가 많아 안타깝습니다. 그들을 우리 교회에 보내 주셔서 다양한 프로그램과 특성화된 장소로 그들의 은사를 개발하여 우리 교회를 통해 세계의 복음화가 이루어지는 기적이 일어나게 해 주십시오. 교우 가정마다 축복하시어 무병장수하게 하시며 우리 교회가 축복의 통로가 되게 해 주십시오." 이렇게 기도는 안 하시는지요. 또 헌금을 하면서 "저는 고난 가운데 힘껏 헌금하고 있습니다. 우리 아들 취직을 하나님께서 책임져 주십시오. 있는 사람이 십일조에 인색한 것을 보면 가슴이 아픕니다." 이런 생각으로 헌금하신 적은 없습니까?

그러면서 설교 때는 하나님의 말씀은 마음에 드는 것만 듣고, 듣기 싫은 것은 한 귀로 듣고 한 귀로 흘려버립니다. 그런 뒤 축도로 예배가 끝나면 이 주일도 하나님께 할 일 다 했다고 하고 세상 사람으로 돌아가지는 않습니까? 가인의 제사를 읽다가 우리들의 신앙생활이 돌아보아져서 몇 자 적었습니다. 종말에 하나님의 흰 보좌 앞에서면 그래도 찔린 것이 있어 낯을 들지 못하면 하나님께서 "네가 선을 행했으면 어찌 낯을 들지 못하느냐." 하고 우리를 책망하실 것 같습니다.

 **기도**

하나님, 하나님의 의를 구하게 하시고 가인의 길을 걷지 않게 해 주십시오.
아멘.

백성아, 그 여자에게서 떠나라

나는 하늘에서 또 다른 음성이 울려오는 것을 들었습니다. "내 백
성아, 그 여자에게서 떠나거라. 너희는 그 여자의 죄에 가담하지 말고,
그 여자가 당하는 재난을 당하지 않도록 하여라."

계 18:4

요한이 본 계시의 마지막 부분입니다. 하나님의 진노가 일곱 대
접의 심판을 가져온 뒤 천사가 요한을 광야로 데리고 가서 큰 음
녀를 보여 줍니다. 음녀는 물 위에 앉아 있는데 이 물은 백성과 무
리와 열국과 방언을 상징합니다(계 17:15). 로마는 황제예배를 그 제
국의 모든 민족의 종교로 만들고(세계종교) 이를 거부하는 교회와
성도들의 목숨을 칼날로 빼앗으며(계 17:6) 배교를 강요하였습니다.
이런 로마의 영적 음행은 '큰 음녀'로 상징됩니다. 이런 종교적인
만행은 만주萬主의 주시오 만왕萬王의 왕이신 어린양의 심판(계
17:14)으로 멸망하게 될 것입니다.

계시록 18:4의 말씀은 오늘 우리 성도들에게도 해당된다고 생각합니다. 지금도 우리는 음녀의 유혹을 끊임없이 받고 있습니다. 그런데도 우리는 그 여자의 품에서 떠나지 못하고 있습니다. 우리는 유혹 때문에 빠진 사회악의 중독에서 헤어나지 못합니다. 밀수입, 사기, 도박, 음주, 흡연, 성범죄…… 등은 사회악입니다. 그런데 이것들은 시간이 갈수록 늘어나고 수법이 지능적으로 발전 되어가고 있습니다.

성추행의 60%는 재범이라고 합니다. 발에 발찌를 붙이고도 추행을 합니다. 과거의 습관을 버리지 못했기 때문입니다. 심장 수술을 한 사람은 옛 생활 습관을 버려야 하는데 그러지 못하여 2년쯤 되면 90%는 그것 때문에 생명을 잃는다고 합니다.

범죄자 본인이 바꾸지 않으면 이 범죄는 사회가 근절시키기가 어렵습니다. 이럴 때 하나님을 믿는 기독교인은 구습을 버리고 새사람이 되어서 부패한 사회에서 기독교 윤리를 실천함으로 사회정화에 한몫을 해야 한다고 생각합니다. 기독교인이라는 명패만 가지고도 음녀의 곁을 떠날 명분이 충분합니다. 부패한 사회 때문에 하나님께 눈물로 기도하면 그 기도에 합당하게 삶으로 사회정화에 동참할 수 있습니다. 양들을 인도하는 선한 목자는 길 잃고 헤매는 양들 때문에도 탈선을 할 수가 없습니다. 이것이 사회를 향해 언덕 위에 선 교회의 모습이 아닐까요?

1960년대에 한국에 와 있던 선교사는 다음과 같은 글을 썼습니다.

"한국에서 여성들은 결코 거의 성적인 공격을 받지 않는다. 강간이란 실제적으로 들은 바가 없다. 옷을 입고 사려 깊게 행동하는 여인들은 어느 거리에서든 밤낮을 가리지 않고 어느 때나, 아마도 외국군인 막사와 도둑과 불량배가 모이는 장소를 제외하면 안전하다."

50년 사이에 우리 사회는 많이 변했습니다. 왜 이렇게 변했습니까? 우선 기독교인이 음녀의 유혹에서 떠나지 못한 책임이 크다고 생각합니다.

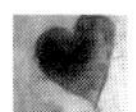 **기도**

하나님, '회개하라'는 음성을 귀 끝으로만 듣지 않게 하시고 회개에 합당한 열매를 맺게 해 주십시오. 아멘.

일은 저주인가

남자에게는 이렇게 말씀하셨다. "네가 아내의 말을 듣고서, 내가 너에게 먹지 말라고 한 그 나무의 열매를 먹었으니, 이제, 땅이 너 때문에 저주를 받을 것이다. 너는, 죽는 날까지 수고를 하여야만, 땅에서 나는 것을 먹을 수 있을 것이다."

창 3:17

하나님은 아담이 죄를 범하였으므로 죽는 날까지 수고해야 할 일을 우리에게 주셨을까요? 식구들 먹여 살리고, 자식들 가르치고, 취직 시키고, 결혼 시키고, 병자 돌보고…… 평생을 이렇게 땀 흘리고 살아야 한다면 세상은 너무 삭막한 곳입니다. 그런데 아담이 죄를 범하기 전에도 하나님은 아담에게 일을 주셨습니다. "바다의 고기와 공중의 새와 땅 위에서 사는 온갖 들짐승과 땅 위를 기어다니는 모든 짐승을 다스려라(창 1:28)."고 명령하며 하나님의 청지기가 되어 창조된 만물을 다스리면서 하나님의 창조사역에 동참하기를 원하셨습니다.

‘백설공주와 일곱 난쟁이’라는 디즈니 만화 영화가 있습니다. 동물들이 사는 숲속의 세계로 피신한 공주가 들어간 집이 일곱 난쟁이의 집이었습니다. 방이 너무 어질러져 있어 잘 치워주고 깊이 잠이 들었는데 난쟁이들이 광산 일터에서 돌아와 잠들어 있는 예쁜 공주를 보고 황홀해 합니다. 눈처럼 흰 살결, 사과처럼 붉은 입술 장밋빛 뺨 등…… 그런데 그들에게 요리까지 해 주는 것이었습니다. 그들은 신이 났습니다. 광산으로 갈 때 연장을 들고 한 줄로 서서 노래하며 발 맞춰 걸어갑니다.

“하이호(Heigh-Ho), 하이호(Heigh-Ho), 캐자, 캐자, 캐자. 우리의 광산에서 하루 종일 캐자!”

그들은 집에서 기다리는 백설공주를 생각하면 일이 기쁩니다. 다이아몬드도 루비노 많지만 무엇을 위해 캐는지 그들은 상관하지 않습니다. 빨리 부자 되려는 계교를 쓰는 것도 아니고 그냥 즐겁게 캐는 것입니다. 하이호, 하이호.

그런데 세상에는 일 때문에 괴로운 사람이 있습니다. “아이고, 아이고, 오늘도 일해야 되네.” 아침 일찍부터 밤늦게까지 일하고 귀가하면 졸도하듯이 쓰러지는데 수요일에는 일을 빨리 마치고 집에 가야 합니다. 아내가 교회를 가는 동안 어린애를 돌봐주어야 하

기 때문입니다. 토요일에 오전 근무를 마치고 쉬려하면 아내는 찬
양 연습으로 교회를 나가서 또 애기를 봐야 합니다. 어쩔 때는 회
식을 하고 밤늦게 돌아옵니다. 일요일은 가족 전체가 교회에 나가
야 합니다. 쉬는 시간이 없습니다. 아담이 죄를 지어서 죽는 순간
까지 수고해야 겨우 먹고 사는 것처럼.

우리는 영혼 구원을 받았기 때문에 이제 더 이상 죄인이 아닙니
다. 범죄하기 전의 상태로 회복되었습니다. 이제 우리는 하나님의
일을 맡은 청지기입니다. "아이고, 아이고!"가 아니라 "하이호, 하
이호" 입니다. 교회에서 하는 일도, 사회에서 하는 일도 다 하나님
의 청지기가 되어 하나님의 일을 하는 것입니다. 우리 마음에 백설
공주처럼 우리의 구원자이신 예수님이 계시면 발걸음이 가벼워져
야 합니다.

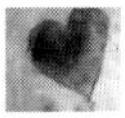 **기도**

하나님, 교회의 일이나 세상의 일이 다 하나님의 일인 것을 깨닫게 해 주시
니 감사합니다. 아멘.

워낭소리 그친 뒤

> 그리고 땅 위에 사는 사람들이 그 시체를 놓고 기뻐하고 즐거워하고, 서로 선물을 보낼 것입니다. 그것은 이 두 예언자가 땅 위에 사는 사람들을 괴롭혔기 때문입니다.
>
> 계 11:10

소는 섬김과 순종의 상징적인 동물입니다. 우리나라에 언제부터 소가 사람에게 길들여져 농부들과 함께 살며 쟁기로 논밭 갈고 써레질로 모를 심고, 달구지를 끌고 짐을 나르며 농가의 머슴으로 살게 되었는지 모르지만 농부에게는 품안의 자식 같은 식구였습니다. 실컷 부리다가 아쉬우면 팔아서 자녀들 학비로 쓰기도 했습니다. 마르고 닳도록 희생한 뒤 팔리면 가죽은 가죽대로 또 고기는 부위별로 잘려서 팔리고 꼬리와 우족, 사골 할 것 없이 남김없이 인간에게 먹히는 존재입니다.

그런데 이 소들이 이제는 구제역이라는 큰 재난으로 살처분殺處

分을 당하고 있습니다. 오리나 닭은 산채로 자루에 담고 돼지는 그냥 땅에 묻어버리는데 다음날 흙을 비집고 올라온 돼지는 몽둥이 세례를 받는다고 합니다. 소는 그렇게 할 수 없어 근육이완제인 석시닐콜린(Succinyl Choline)을 정량보다 좀 많이 주사하여 호흡근 마비와 심장 정지로 죽게 하는데 10초에서 1분 사이에 죽게 된답니다. 그렇게 죽은 소들을 살처분합니다. 이런 가축 수가 280만이 넘는다니 이것은 요한계시록의 종말에나 볼 수 있는 재난입니다. 그런데 강원도 어떤 처분장에서는 어미 소에게 근육이완제를 놓았는데 갑자기 다리를 부르르 떨기 시작한 어미 소에게 새끼소가 젖을 빨러 왔다는 것입니다. 이 어미 소는 2, 3분을 더 버티다 눈물을 흘리고 쓰러졌다는 보도입니다. 이렇게 소들이 쓰러져 가는 때 한우의 맛있는 부위를 가려가면서 이리저리 뒤져 구워먹으며 축산 농가를 위한다고 웃으며 먹어야 하니 슬픈 일입니다.

계시록에는 두 증인이 3년 반 동안 하나님의 심판을 예언했는데 무저갱에서 나온 짐승이 그들을 죽이자 예언으로 괴로움을 겪었던 자들이 서로 선물을 주며 기뻐했다고 쓰고 있습니다. 구제역을 맞은 우리 인간의 깨달음은 무엇입니까?

'워낭소리'라는 영화가 있었습니다. 한쪽 다리가 불편한 팔순 최 노인과 마흔 살 된 소의 이야기입니다. 워낭은 소목에 걸린 방울인데 최 노인은 귀가 어두워도 희미한 워낭소리는 귀신같이 듣습니다. 소 먹일 풀을 베기 위해 매일 산으로 오르며 논에는 소를 걱정하여 농약을 치지 않습니다. 소의 수명은 열다섯에서 스무 살인데 이렇게 가족처럼 데리고 40년을 산 것입니다. 9남매의 자식들이 소를 팔아야 아버지가 편해진다고 시장에 소를 내놓을 때 소는 눈물을 흘립니다. 그러나 팔지 못하고 돌아옵니다. 영감과 소가 겨울을 맞으려고 땔감을 잔뜩 해서 집에 갖다 놓은 날 늙은 소는 힘이 다하여 눈물을 보이며 눈을 감습니다. 이런 소의 워낭소리가 사라지고 지금 우리는 오직 고기를 먹기 위해 소를 기릅니다. 사연의 순리를 벗어나 인간의 욕심을 따라 복제 소를 만들기도 하고 가두어 기르고 화학 사료를 먹기도 해서 소들이 나약해져 바이러스를 이겨낼 저항력을 잃었습니다. 우리가 하나님의 창조의 원리를 어기고 자연의 조화를 깨뜨리고 있는 것은 회개하지 않고 마냥 좋아서 인간의 지능을 자랑하며 선물을 주고받으며 기뻐하고 있는 것이 아닌지 모르겠습니다.

 **기도**

하나님, 우리가 하나님 품으로 돌아가는 삶, 자연으로 돌아가는 삶을 살게
해 주십시오. 아멘.

양처럼 살기

그러나 나는 너희에게 말한다. 악한 사람에게 맞서지 말아라. 누가
네 오른쪽 뺨을 치거든, 왼쪽 뺨마저 돌려 대어라.

마 5:39

이것은 예수님의 산상수훈山上垂訓에 나오는 말입니다. 예수님께
서 무리를 보시고 산에 오르셨을 때 제자들이 다가오니 그들을 보
고 하신 말씀입니다. '오른뺨을 치거든 왼뺨마저 돌려대라'는 이야
기입니다. 이렇게 악한 사람에게 맞고 살 수 있을까요? 또 '속옷을
가지고자 하면 겉옷까지도 주라.'고 했는데 이렇게 다 주고 살 수
가 있을까요? 이것은 천국에서나 있을 수 있는 일이요 예수님은
몰라도 우리는 할 수 없는 일입니다. 그래서 이 구절은 그냥 넘어
갑니다. 이렇게 성경을 우리 취향에 따라 재단해가며 읽고 성경이
스스로 우리에게 말하도록 놔두지 않는다면 이것은 하나님의 말씀

을 인정하지 않으며 자기 위주로 성경을 왜곡하는 일이 됩니다. 그럼 이런 말을 대하면 어떻게 해야 합니까? 교회 안에서는 '예' 하고 양처럼 받아들이고, 사회에 나가면 피비린내 나는 전쟁터이기 때문에 무시하고 이리처럼 살아야 하는 것입니까? 말씀을 전해야 할 세상 사람들 앞에서 이렇게 이중적인 모습을 보여도 되는 것일까요?

구약시대에도 유대인들은 채권자들이 속옷(겉옷은 생계를 위협하는 재산임)을 가져가겠다고 고발하면 주어야 했습니다. 정복 국가에서 억지로 오리五里를 가라고 노역을 시키면 순종했어야 했다고 합니다. 그런데 예수님은 자기의 제자가 되었으면 율법을 지켜서 의무적으로 해야 하는 한계를 사랑으로 넘어서라고 말합니다. 이것은 은혜로 구원 받은 우리에게도 해당되는 말씀입니다.

저는 말씀 그대로 실천할 수 있는 분을 압니다. 그분은 신학교를 은퇴하고 몽골에 선교사로 가 있는 처녀 목사인데 몸이 약해서 쉰 세 살 밖에는 살 수 없다고 자신도 알고 남에게도 말해 왔던 분인데 65세가 넘게 사셨습니다. 나머지는 하나님께서 덤으로 주신 생명이라고 생각하고 주께 헌신하고 사는 분입니다. 평생 동반자가 없었기 때문에 하나님을 아버지라고 의지하며 대화하고 사신 분입니다. 감기가 들어 콧물이 줄줄 나와서 화장지 한 통을 다 써도 대화할 사람은 하나님뿐이어서 "아버지, 이 코가 다 어디서 나온 데요?"라고 원망도 않고 말하는 분입니다. 그분이라면 사적인 감정으로 억울하게 뺨을 맞아도 더 맞아줄 수 있는 분이라고 생각합니다. 그럴 리도 없지만 속옷을 달라고 누가 고발하면 자기의 생활은 걱정도 않고 옷 다 찾아서 입혀 줄 사람입니다. 의무적으로 길을 걷게 해도 오히려 불쌍하게 생각하고 더 걸어줄 분입니다.

예수님께서는 산상수훈을 지켜서 하늘나라에 가는 방법을 가르쳐 주신 것이 아니라 예수님의 제자가 된 사람(구속의 은혜를 입은 사람)은 어떻게 살아야 하는가 하는 것을 가르쳐 주신 것이라고 생각합니다.

 **기도**

하나님, 제가 성경을 읽고 해석하게 하지 말고 성경이 말해준 그대로 듣게 해 주십시오. 아멘.

컴퓨터 죽이기

그래서 사울은 자기의 신하들에게 명령하였다. "망령을 불러올리는 여자 무당을 한 사람 찾아보아라. 내가 그 여인을 찾아가서 물어 보겠다." 사울의 신하들이 그에게 말하였다. "엔돌에 망령을 불러올리는 무당이 한 사람 있습니다."

삼상 28:7

진정으로 하나님을 알아 가는데 가장 방해되는 것 중의 하나는 TV도 있지만 컴퓨터라고 생각합니다. 이것이 성경을 읽고 묵상하는 시간을 다 앗아가고 말씀을 실천하는데 큰 방해물이 되기 때문입니다. 아내는 제가 서재에 들어가면 나올 줄을 모르는데 그것은 제가 거기서 인터넷 검색을 하고 있기 때문이라고 합니다. 골방에 콕 처박혀 있을 만큼 매력적인 것이 그것 말고 무엇이 있겠느냐는 것입니다.

사실입니다. 그러나 저는 핑계를 댑니다. "지금이 어느 때입니까? 인터넷으로 정보를 공유하는 시대가 아닙니까? 성경 주석, 유명한 설교, 성서학당 등을 인터넷에서 만날 수 있습니다. 친구들에게 안부와 위로를 이메일로 해야지요. '생명의 삶', '넷 향기', 'Our Daily Bread', 'TQ(Time Quotient)' 등으로 성경 묵상을 할 수도 있습니다. 매주 짧은 말씀 묵상을 정리해 저장해 놓으면 영적 성장에 도움이 됩니다." 이런 핑계를 대며 컴퓨터를 버리지 못합니다. 그러나 신경질이 나는 경우도 많습니다. 가끔 컴퓨터가 말썽을 부리는 것입니다. 속도가 늦어지고 거의 멈추어서면 윈도우를 새로 깔아야 합니다. 그럴 때마다 많은 자료가 손상되고 또 그때까지 깔았던 프로그램을 다시 찾아 깔며 손상된 자료를 복구하는 데 많은 시간을 허비합니다. 기도보다 컴퓨터가 우선일 때가 많나는 것을 인정합니다.

얼마 전 미국에 있는 친구가 컴퓨터를 켰더니 반 인치나 되는 크기로 붉은 경고문이 떴는데 안티 바이러스 시스템이 죽어서 더 이상 컴퓨터를 보호할 수 없다고 했다는 것입니다. 자기는 어배스트(AVAST)라는 바이러스 방지 프로그램으로 별 문제 없었는데 어느 곳을 눌러도 응답이 없고 'SYSTEM TOOL'이라는 것을 사면 이 바이러스 문제를 해결할 수 있다는 창이 떴다는 것입니다. 자료를 다 잃을까봐 놀라서 지시에 따라 $60을 지불했더니 해결되었다는 것입니다. 그래서 이제는 AVAST로 바이러스 검사를 다시 했더니 SYSTEM TOOL이 바로 바이러스였다는 것입니다.

며칠 뒤 또 연락이 왔는데 자기는 이런 유의 문제에 최종 해결 책을 발견했다면서 아예 컴퓨터를 쏘아 죽여 버리는 것이라며 권총을 들고 컴퓨터를 쏘는 사진을 보내왔습니다. 얼마나 화가 나서 그랬겠습니까? 제가 참으라고 응답했더니 또 연락이 왔습니다. 농담이지 어떻게 컴퓨터 없이 살겠느냐는 것이었습니다.

사울은 사무엘이 죽자 나라 안의 무당과 박수를 모조리 쫓아냈습니다(삼상 28:3). 자기가 무당을 싫어한다는 것을 사무엘(어쩌면 하나님)께 알리기 위해서였겠지요. 그러나 블레셋과 싸움이 나도 아무 계시가 없자 "망령을 불러올리는 무당"을 다시 찾았습니다. 하나님께서 자기를 버린 것은 모르고 사무엘을 불러올리면 싸움에 이길 줄 알았던 것입니다. 하나님은 사울의 또는 우리의 이용도구가 아닙니다.

컴퓨터에서 하나님의 지식을 얻는다고 의지하면 하나님이 저를 사랑하실까요?

 **기도**

하나님, 제가 경건의 모양은 있으나 경건의 능력을 상실한 자가 되지 않게 해 주십시오. 아멘.

주는 나의 목자

그들이 평온함으로 말미암아 기뻐하는 중에 여호와께서 그들이 바
라는 항구로 인도하시는도다(개역개정).

시 107:30

우리 부부는 둘이 살면서 점차 싫어지는 것이 생겼는데 여자에게는 밥하는 일입니다. 혼자 있으면 더 하기 싫은데 그래도 곁에 있는 남편이 활력소와 강장제라 한다지만 하기 싫은 것은 어쩔 수 없는 모양입니다. 자주 양로원에 가고 싶다고 말합니다. 남자가 하기 싫은 것은 무거운 진공청소기를 끌어내어 청소하는 일입니다. 앉으면 일어나기 힘들고 서 있으면 앉기 힘 드는데 시도 때도 없이 구석구석 먼지를 제거하라는 아내의 성화는 정말 힘듭니다. 가만히 앉아 있으면 먼지만 보이는 모양입니다.

우리는 이번에 '룸바'라는 로봇 청소기를 샀습니다. 이놈이 의자

밑, 책상 밑 할 것 없이 구석구석 다니며 미세 먼지를 빨아내는데 여간 신기한 게 아닙니다. 높이가 5cm가 넘으면 밑으로 떨어지지도 않으며 또 '라이트하우스'라는 다른 장치가 있어서 건전지를 넣고 맞은편 벽을 향해 빛을 쏘면 가상 벽이 생겨 이놈이 그곳을 넘지 못합니다. 또 청소가 끝나서 '홈베이스'의 스위치를 켜 놓으면 그곳으로 들어가 쉽니다.

저는 로봇 청소기가 청소를 마치고 홈베이스에 가서 쉬는 것을 보면서 시편 107편을 생각했습니다. 이 시는 광야 사막 길을 헤매는 사람이 여호와께 부르짖으매(6절) 하나님께서 거주할 성읍에 인도하셨음을 노래합니다. 쇠사슬에 매인 사람이 부르짖으매(13절) 하나님께서 고통에서 구원하셨음을 노래합니다. 죄악의 길을 따르고 사망의 문에 이른 자가 부르짖으매(19절) 그들을 건지셨음을 찬송합니다. 배를 띄우고 일하는 자들이 광풍으로 하늘에 솟구쳤다가 깊은 데로 내려가고 이리저리 구르며 취한 자같이 비틀거리게 될 때 그들이 고통 때문에 부르짖으매(28절) 여호와께서 그들이 바라는 항구로 인도하심을 찬송합니다.

저희 부부는 그렇게 부르짖지도 않았는데 평온함과 기쁨 중에 저희가 바라는 항구로 인도하신 것입니다. 중1, 2, 3학년의 어린애들을 한국에 두고 유학을 떠난 일, 아버님이 돌아가셨는데도 공부에 방해가 될까봐 연락을 하지 않아 모르고 있었던 아픈 기억, 매 주일 아내가 받아온 주급으로 만나를 먹듯 연명하던 유학생 시절…… 이 모든 것은 광풍이었습니다. 그러나 우리는 지금 로봇이 홈베이스에 가서 쉬고 있는 것처럼 쉬고 있습니다. 그러나 쉬고 있는 것이 아니라 로봇이 다음 작업을 위해 재충전하고 있는 것처럼 우리도 스태미나를 재충전하고 있습니다. 하나님과 관계를 회복하고 에덴에 살고 있는 우리는 하나님의 청지기가 되어 일하는 것이 기쁨이며 노동이 아니기 때문에 제게 주신 은사로 청지기 노릇을 감당하기 위해 충전했다가 다시 도전하기 위해 가끔 홈베이스에서 쉰다고 생각합니다.

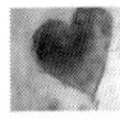 **기도**

하나님, 저희를 인도하시는 하나님을 찬양합니다. 아멘.

무엇이 진정한 예배인가

예수께서 말씀하셨다. "여자여, 나의 말을 믿어라. 너희가 이 산 위에서도 아니고 예루살렘에서도 아닌 데서 너희가 아버지께 예배를 드릴 때가 올 것이다."

요 4:21

구역장인 권사님이 아파서 어떤 여 집사가 부득이 구역예배를 맡게 되었습니다. 구역예배 공과가 있어서 순서는 써진 대로 진행하면 되는데 헌금기도는 왕 초짜가 되어서 어떻게 해야 할지 몰랐습니다. 인터넷에 되도록 길게 기도문 하나를 올려달라고 요청해서 겨우 문제 해결을 했습니다.

그리고 나니 여러 가지 의심이 생겼습니다. 그렇게 남이 써준 기도를 해도 하나님께서 들어주시는가? 도대체 이런 형식적인 구역예배는 왜 드리는가? 라는 생각이 들었습니다. 그러고 보니 주일예배 말고도 너무 많은 예배가 있었습니다. 구역예배, 첫돌 감사예배, 칠순 감사예배, 개업 감사예배, 입주예배, 고위직 취임 감사예배, 박사학위 취득 감사예배, 총회장 당선 감사예배, 국회의원 당선 감사예배, 기공예배, 완공예배, 헌당예배, 입관예배, 발인예배, ……

그래서 나이 든 목사님께 물어봤습니다. "예배가 수 없이 많은데 적당히 이름을 붙여 드리면 예배가 되는 거예요?" "그럼, 우리의 삶 자체가 예배니까 아무리 많이 드려도 많다고 할 수 없지." 그래도 미심쩍어서 젊은 목사님께 물었습니다.

"목사님, 대형교회 예배당에서 드리는 예배가 예배입니까, 아니면 시골교회에서 전도사가 드리는 예배가 참 예배입니까?" 그 목사님은 예수님을 만난 수가성의 여인이 똑같은 질문을 했는데 이에 대해 예수님은 "이 산 위에서도 아니고 예루살렘에서도 아닌 데서 아버지께 예배드릴 때가 올 것이다."라고 대답했다고 말했습니다.

"그런 때는 언제 오는데요?"

"벌써 왔지요. 예수님께서 십자가에 돌아가신 뒤로 성전도 제사장도 없어졌습니다. 그분이 우리에게 성령을 주어 자녀 삼으시고 그의 소유된 백성을 삼으신 뒤에는 장소가 문제가 아니고 영과 진리로 드리는 예배가 참 예배입니다.”

“그럼 xx예배당이라는 곳에서 꼭 예배를 드릴 필요도 없겠네
요?”

“하나님께서는 종교의식적인 예배를 받기를 원하지 않고 우리의
몸을 드리는 산제사를 받으시기를 원합니다.”

“산제사가 뭣인데요?”

“우리가 그의 소유된 백성으로 이 세상에서 존재하며 사는 것이
지요.”

그 여 집사는 자기 나름대로 정리를 해서 나이 든 목사에게 또
말했습니다.

“목사님, 축하행사와 같은 예배는 안 드리는 것이 낫지 않을까
요? 그 속에서 하나님도 못 찾겠고, 또 목사님도 집례 하시려면 피
곤하시고.”

“무슨 소리야. 맨 먼저 예배부터 드리고 복 받고 일을 시작하려
는 당사자들을 생각해야지. 예배를 무시하면 화를 부르게 돼.”

왕 초짜 집사는 아직도 예배가 무엇인지 더 알아보고 있는 중이
라고 합니다.

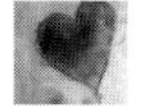 **기도**

하나님, 무엇이 진정한 예배인지 깨닫게 해 주십시오. 아멘.

크리스마스 인사

> 내 영혼아, 주님을 찬송하여라. 주님이 베푸신 모든 은혜를 잊지
> 말아라.
>
> 시 103

어떤 수련회에서 강사가 고린도전서 13장 4-8절을 통성으로 읽자고 제안 했습니다. 다 읽고 난 후 거기에 나오는 '사랑' 대신 '예수님은'이라는 말을 넣어서 다시 읽자고 했습니다. "예수님은 오래 참고, 친절합니다. 예수님은 시기하지 않으며, 뽐내지 않으며, 교만하지 않습니다. 예수님은 무례하지 않으며, 자기의 이익을 구하지 않으며, 성을 내지 않으며, 원한을 품지 않습니다. ……"

이렇게 통성으로 읽으면서 그 내용이 너무 자연스럽다고 느꼈습니다. 예수님은 자신이 바로 사랑이셨기 때문이었습니다. 다음은 '사랑' 대신 각자 자기 이름을 넣어서 읽어보자고 제안했습니다.

"오승재는 오래 참고, 친절합니다. 오승재는 시기하지 않으며, 뽐내지 않으며, 교만하지 않습니다. 오승재는 무례하지 않으며, 자기의 이익을 구하지 않으며, 성을 내지 않으며, 원한을 품지 않습니다. ……"

이렇게 읽자 이건 걸맞지 않고 너무 엉뚱하다는 생각을 모두 했다고 합니다.

이번 크리스마스에 저는 과거 일 년을 돌아보며 주님께서 제게 베푼 은혜가 너무 크다는 것을 새삼 느끼며 주님을 찬양하는 목소리가 나왔습니다. 우리 주변에서 갑자기 쓰러져 몸을 못 쓰고 말을 못하게 된 분, 당뇨가 심해져 투석을 하며 출입을 못하게 된 이웃들이 있는데 우리 부부를 건강하게 지켜 주신 것, 자녀들이 국내외에서 건전하게 주를 섬기고 활동하며 행복하게 지내는 것을 보는 것,…… 이 모든 것이 제가 한 것이 아니고 주님께서 우리의 지경을 울타리로 두르신 것임을 느낄 때 주를 찬양하며 친구들에게 세상의 영을 이기고 사는 모습을 알려 주고 싶어졌습니다. 그래서 Power Point를 이용해서 일 년 동안에 있었던 기록을 사진으로 편집해서 크리스마스 인사 겸 이메일로 보냈습니다. 그런데 답장이 왔습니다.

"너무 아름답고 부러운 자녀들의 사진이었습니다. 우리의 활동은 거기에는 걸맞지 않겠지만 알려 드립니다. 우리 부부는 팔레스타인에 가서 그곳 기독교인과 지도자들을 만났으며 그들이 쓰라린 현실 속에서 어떻게 희망을 가지고 인내하며 살고 있는지를 보고 왔습니다. …… 남편은 장로 4년째인데 교회 재산관리 위원장직을 맡았으며 저는 노숙자를 돌보는 조직에 간여하고 있습니다."

또 한 분은 자기도 이제는 성가대를 은퇴해야 하는데(82세) 밤 운전을 할 수 없게 되면 바로 은퇴하겠다고 소식을 전해 왔습니다. 저는 그들의 소식이야 말로 하나님 찬양에 걸맞은 자연스러운 내용이며 제 인사는 자기 자랑 같다는 생각을 하였습니다. 비록 전세방에서 신혼 생활을 시작했던 우리가 어떻게 하나님의 은혜를 받아 이렇게 되었는지를 세상에 알리고 싶다는 생각을 가졌을지라도 말입니다.

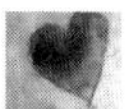 **기도**

하나님, 사랑은 조금도 뽐내지 않는다는 것을 깨닫게 해 주셔서 감사합니다. 아멘.

악으로 악을 갚지 말자

크리스마스 계절이 다가왔습니다. 거리에서는 구세군 자선냄비
의 종소리가 들려오고, 크리스마스를 축하하는 음악소리가 들려오
고 있습니다. '오 거룩한 밤' '기쁘다 구주 오셨네.' '참 반가운 신
도여' ……

그런데 금년은 우리의 마음이 편하지 않습니다. 하나님의 자비
와 사랑이 악해져 가는 우리를 돌이킬 수 있을까요? 우리가 보고
있는 사회는 사치와 환락과 자극적인 삶과 스마트폰과 함께 탁류
에 정신없이 밀려가는 목적 없는 삶입니다. 요즘은 연속방송도 폭
력물과 원수 갚는 일이 더 시청률이 높아 배우들은 날로 성질이

사나워지며 '독할수록 사랑받는다.'라고 악녀 노릇을 하는 사람이 많아졌습니다. 이렇게 악랄한 짓은 하나님의 생각과는 멀고 성경에 의하면 하늘에서 내쫓긴 마귀 또는 사탄이 하는 짓입니다. 그러나 안방극장을 보면서 국민의 유익보다는 사리사욕과 정권욕에 눈이 어두워 이전투구泥田鬪狗 하는 흑막정치의 거두들 사이에서 국민을 대변하는 국회의원과 검찰의 양심을 걸고 투쟁하는 검사를 보고 박수를 보내는 사람도 있습니다. 아직도 국민은 악을 싫어하는 양심이 살아 있다는 뜻입니다.

우리나라는 지금 연평도 때문에 국론이 비등하고 있습니다. 이런 사태를 미리 감지하고 있었으면서 왜 히술한 대비를 하였는가? 선제공격을 받았을 때 왜 대응이 그렇게 늦었는가? 투철한 해병대 정신을 따라 왜 두 배 세 배 갚아주지 못했는가? 드디어 국방장관을 경질하고 새 국방장관의 청문회에서 또 질의합니다. 다시 이런 사태가 재발하면 공군력을 동원해 폭격할 것인가? 보복을 다짐하고 시원해 하면서 이렇게 보복 시나리오가 시작됩니다.

그쪽에서 선제공격을 하면 몇 배로 되갚아준다. 독제 군사정권이고 외국에 무기까지 팔아 온 그쪽은 당연한 보복이라고 꼬리를 내리지 않는다. 3대 세습을 꿈꾸는 국방부위원장의 위세를 보이기 위해서라도 이쪽 군인의 밀집지대를 불바다로 만든다. 더 이상 참을 수 없는 이쪽은 확전을 각오하고 저쪽 핵 시설을 초토화시킨다.

이것은 사이버 작전이 아닙니다. 현실이고 실전입니다. 반세기에 걸쳐 이룩한 경제 발전은 한순간에 무너지고 구제품을 받는 불쌍한 나라가 될 수 있습니다. 선은 서로 협력하여 생명을 가꿉니다. 그러나 악은 순환되면 파멸을 가져옵니다. 어디선가 이 악에 제동을 걸어야 합니다. 악을 미워하고 선으로 돌아서야 합니다. 자선냄비와 크리스마스 캐럴이 이를 저지할 수가 있을까요?

십자가에 자기의 생명까지 버린 그리스도의 사랑이 광복절에 우리를 구하듯 악의 도도한 행진을 뒤바꿀 수 있다고 저는 믿습니다.

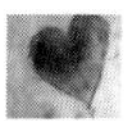 **기도**

하나님 아버지, 우리가 기도할 바를 모를 때에 성령이 탄식함으로 우리를 대신해서 기도하게 해 주십시오. 아멘.

상 받는 사람은 하나뿐

경기장에서 달음질하는 사람들이 모두가 달리지만, 상을 받는 사람
은 하나뿐이라는 것을 여러분은 알지 못합니까? 이와 같이 여러분도
상을 받을 수 있도록 달리십시오.

고전 9:24

광저우 아시안 게임 때문에 금메달 이야기가 많이 나올 때입니
다. 한국 선수들이 메달을 딸 때마다 자랑스럽습니다. 특히 미국
클리블랜드 메이저 리그에 속했던 추신수(28) 신수는 한국 야구팀
에 우승을 안겨 준 일등공신이었습니다. 이 금메달로 그는 병역면
제의 특혜를 받게 되고 다른 팀원들에게도 그런 혜택을 주게 되어
'병역 브로커'라는 별명까지 받게 되었다고 합니다. 입영 때문에
야구팀과의 장기 계약이 어려웠었는데 그는 이제 3년 계약도 가능
해 졌으며 그는 연봉 600만 달러(70억 원)도 받을 가능성이 커졌다
는 것입니다. 금메달을 따게 되면 이런 부와 명예가 따르게 되어

모든 국민이 금메달리스트들을 선망의 눈으로 보게 되었습니다.

바울은 고린도 교인들을 향하여 "이와 같이 여러분도 상을 받을 수 있도록 달리십시오."라고 권했습니다. 고린도 교인들 모두는 경기자는 아니지만 천국을 향해 달리는 선수와 같기 때문입니다. "경기장에서 달음질 하는 사람들이 모두가 달리지만, 상을 받는 사람은 하나뿐이라"고 했는데 이것은 고린도 교인들을 실망시키는 말입니다. 천국을 향해 달리는 사람이 상을 한 사람밖에 받을 수 없다면 나머지 사람은 어떻게 되는 것입니까? 그러나 사실은 지상에서 개척교회 많이 짓고, 세계 제일 가는 교회를 만들고, 헌금 많이 하고 새벽기도 잘한 사람들도 자기의 할 일을 한 것뿐이므로 천국에서 상을 요구할 권한이 없습니다(눅 17:10). 다 천국에서는 무익한 종이라고 고백할 수밖에 없으므로 천국을 향한 경기는 자기보다도 남을 승리하게 해주는 것이 마땅합니다. 그런데 바울은 우승자들이 자신이 하고 싶어 하는 것을 위하여 어떻게 인내하고 절제하는 생활을 했는지 그것을 배우라고 하고 있는 것 같습니다.

세상 사람들은 승리의 불확실성 때문에 두려움으로 훈련하고 달리지만 믿는 자들은 확실한 목적지에서 우리를 받아주시는 주님을 향해 승리를 확신하고 경주를 하는 것입니다. 누구에게나 주께서 예비하시고 주는 면류관은 '착한 종'이라는 하나님의 칭찬입니다. 주께서 주신 상을 물질적 개념으로 생각하는 착각을 버려야 합니다. 지상의 금은 천국의 아스팔트라고 합니다. 천국은 금으로 길을 포장했기 때문입니다(계 21:27). 바울은 왜 '상을 받을 수 있도록' 달리라고 합니까? 바울 자신이 그렇게 달렸기 때문입니다. 그는 목표가 분명하지 않은 달음질을 하지 않았고 허공을 치지 않았습니다(26절). 그는 분명한 푯대를 향해 달렸으며 율법 아래 있는 자나 율법 없는 자들을 얻고자 많은 인내와 절제를 하였습니다. 그러나 그들을 얻은 후에 도리어 자신이 버림을 받을까 하는 거룩한 두려움을 언제나 안고 있었습니다. 그래서 끊임없이 상을 받을 수 있는 자세로 달리는 준비를 하는 고린도 교인 되라고 권한 것이 아닐까요?

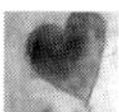 **기도**

하나님, 우리가 달려가는 분명한 목표를 언제나 보게 하소서. 아멘.

승리하는 삶

그것은 하나님에게서 난 사람은 다 세상을 이기기 때문입니다. 세
상을 이긴 승리는 이것이니, 곧 우리의 믿음입니다.

요일 5:4

요즘 교회에서 "승리하는 삶을 삽시다."라는 말을 많이 듣습니
다. 말씀으로 승리, 교육으로 승리, 예배로 승리, 기도로 승리하는
삶을 살자고 합니다. 그런데 잘 생각해 보면 그것이 무엇을 뜻하는
지 분명하지 않습니다. 승리란 경쟁 상대가 있어서 이긴다는 뜻인
데 어떤 상대를 이긴다는 뜻입니까? 지금은 수능시험 기간이 다가
와서 '수험생을 위한 특별새벽기도회', '수험생 축복 안수기도회'
등 각 교회마다 기도회가 대성황입니다. 이것도 수능에서 우리 자
녀가 하나님의 배경으로 다른 학생을 뛰어넘어 승리하는 삶을 살
자고 하는 것 같습니다. 이 대세를 역행하면 교회는 살아남지 못합

니다. 경쟁적으로 더 차별화된 기도회를 계획해야 합니다. 문제는 '축복 안수 기도회'를 열어서 바쁜 수험생을 데려다 안수했는데 어느 교회 교인은 시험을 잘 봤는데 자기 교회는 그런 효험을 보지 못하면 교인이 슬슬 빠져나가기 시작합니다. 마치 족집게 무당 찾아다니듯 좋은 입소문, 나쁜 입소문을 내며 떠돌이 교인이 생기는 것입니다. 결국 승리한다는 것이 권력을 잡고, 명예를 회복하고, 자기 자신과 가족의 유익만을 취하자는 것인데 그렇다면 그것은 세상의 왕인 마귀가 '믿는 자'들을 유혹하는 올가미에 걸려들고 있는 것입니다.

요한일서는 "하나님께서 난 사람이 세상을 이긴다."고 말했는데 하나님께서 난 사람은 죄를 짓지 아니하고 죄를 지을 수 없으며(요일 3:9) 서로 사랑하는 자이며(요일 5:7), 무엇보다도 악한 자에게 속한 세상과 구별된다(요일 5:19)고 말하고 있습니다. 따라서 상대방을 누르고 이기겠다는 전쟁은 입술로는 하나님의 말씀을 따른다고 하면서 하나님과 멀어지고 세상으로 뛰어드는 멸망의 전쟁입니다. 우리가 승리하고자 하는 전쟁의 대상은 육적인 것이 아니라 영적인 것입니다. 우리의 씨름은 혈과 육에 대한 것이 아니고 악의 영들이며 어둠을 주관하는 세상 영에 대한 것입니다. 우리는 마귀의

간계를 능히 대적하기 위하여 하나님의 전신갑주를 입어야 합니다
(엡 6:11).

요한일서는 왜 예수께서 하나님의 아들임을 믿는 자가 세상을
이긴다(요일 5:5)고 말하고 있습니까? 주를 믿으면 능력 주시는 자
안에서 우리가 기도할 때, 좋은 대학에 들어가며, 좋은 배필을 만
나며, 좋은 직장을 갖게 되며 사업에 성공하여 승리자가 된다는 뜻
이 아니고, 주께서 육신을 입고 땅에 오셔서 우리 죄를 대속하여
구원하시고 십자가에 죽으셨으나 죽음을 이기시고 부활하셨음으로
이 땅에 남겨진 우리가 그를 믿으면 세상을 이기고 천국을 확장하
는 주의 일꾼이 된다는 뜻이 아니겠습니까? 승리하는 삶은 이 지
상에서 천국을 선포하는 나팔을 부는 일입니다.

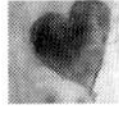 **기도**

하나님, 예수님이 하나님의 아들임을 믿고 세상을 이기는 자가 되게 해 주
십시오. 아멘.

성경은 진리인가

그대는 진리의 말씀을 올바르게 가르치는 부끄러울 것 없는 일꾼
으로, 하나님께 인정을 받는 사람이 되기를 힘쓰십시오.

딤후 2:15

불신자와 신자 간에 다음과 같은 대화가 오가는 것을 엿듣게 되
었습니다.

"성경은 사람이 쓴 것인데 잘못투성이야. 믿을 만한 것이 못돼."

"무슨 말이야. 사람이 썼지만 성경에는 하나님의 감동으로 써진
것이라고 되어 있어."

"믿을 수 없는 성경을 믿게 하려고 또 성경을 인용하는 것은 자
기모순이지. 순환논법의 오류라고"

"성경은 말씀 자체가 길이요, 진리요, 빛이라고 쓰여 있어. 믿으
면 구원을 얻고 하나님의 인도를 받고 살 수 있게 된단 말이야"

"글쎄. 그것은 성경을 벗어나지 못하고 사는 사람의 자기 최면이야. 성경 밖에서 진리가 입증되어야 하는 건데 성경 안에서 빙글빙글 돌면 그것이 무슨 논리야."

"너는 나비(navigator)로 목적지를 찍으면 믿고 따라가지. 하나님 믿는 것도 마찬가지야. 믿고 따르면 되지 제대로 가게 될지 꼭 증명해야 돼?"

"그럼. 나비는 과학적으로 검증된 거야. 여러 사람이 쓰고 있는데 착오가 없잖아. 귀납적으로 검증이 끝난 것이라고."

과학은 믿어도 성경은 못 믿겠다는 말인데 어떻게 하면 성경도 그 안에 써진 것이 진리라는 증명을 할 수 있을까를 생각했습니다. 베뢰아 사람들은 바울이 성경 말씀을 전할 때 그것이 사실인가 하고 꼼꼼히 따져 보았다고 합니다(행 17:11). 아마 그 해답을 얻었겠지요? 그것이 성경말씀이 참인 것을 증명하는 것이 아니고 무엇이겠습니까? "구하라 그리하면 너희에게 주실 것이요(마 7:7)."라는 말씀을 믿고 성실히 구해서 평생 오만 번 이상의 기도에 응답을 받은 조지뮬러 목사는 나비보다 더 확실한 증거를 제시한 것이 아닐까요?

스마트폰이 나오면 지침서를 잘 읽어서 프로그램을 다운받아 깔

기도 하고 또 열심히 적용해서 놀라운 기능들이 실행되는 것을 체험하며 기뻐합니다. 그런데 우리는 성경에 주어진 말씀에 대해서는 읽고 해석하고 이해는 하지만 결코 생활에 적용을 하지 않습니다. 그래서 성경의 말씀이 진리인 것을 체험하고 기뻐하지 못합니다. 우리는 불신자들에게 하나님의 말씀이 진리인 것을 보여 줄 의무가 있는데 말하는 것은 성경에 있는 그대로 하면서 행하는 것은 세상 사람과 전혀 다르지 않습니다. 그래서 불신자는 믿는 사람을 불신하고 성경의 말씀을 진리로 받아드리지 않습니다. 먼저 진리의 말씀을 옳게 분별하여 부끄러울 것이 없는 일꾼이 되면 세상 사람들을 향해 그 말씀이 진리인 것을 부지런하게 삶으로 보일 의무가 있습니다.

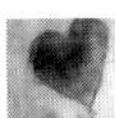 **기도**

하나님, 삶으로 주님의 말씀이 진리인 것을 보일 수 있는 자가 되게 해 주십시오. 아멘.

하나님이 주신 음식

> 그들이 배불리 먹은 뒤에, 예수께서 제자들에게 "남은 부스러기를
> 다 모으고, 조금도 버리지 말아라." 하고 말씀하셨다.

요 6:12

이 이야기는 '오병이어'의 표적 속에 기록되어 있는데 오천 명의 남자들을 자리에 앉게 하고 어린 아이가 가지고 있는 보리떡 다섯 개와 물고기 두 마리로 배불리 먹게 한 후 예수님께서 하신 말씀입니다. "남은 부스러기를 다 모으고, 조금도 버리지 말아라."고 하셨는데 다른 세 복음서에는 "배불리 먹고 남은 조각을 열두 바구니에 거두었다."고만 되어 있어 그들이 자발적으로 그리 했는지 예수님이 말씀하셔서 그렇게 했는지 분명하지 않습니다. 그런데 요한은 군중들은 배불리 먹고 남은 부스러기에는 관심이 없었는데 하나님께서 주신 귀한 음식을 그렇게 버리지 말라고 주께서 당부

했다는 느낌을 강하게 주는 내용을 여기에 덧붙이고 있습니다. 물론 당시는 쓰레기 종량제가 있었던 것도 아니지만 그렇게 하는 것이 하나님의 뜻에 맞고 자연의 이치에 맞는 것이어서 그랬으리라고 생각합니다. 우리는 이기적이어서 음식이 있으면 욕심껏 배불리 먹지만 먹고 나면 부스러기에는 관심이 없습니다. 그러나 하나님과 자연은 이타적입니다. 우리에게 풍성한 음식을 제공하고 우리에게 아무 것도 요구하지 않습니다. 이기적인 우리는 쓰레기를 함부로 버려서 풍성히 주기만 하는 자연을 훼손하고 있습니다. 이 것은 하나님과 자연을 슬프게 하는 일입니다.

몇 년 전의 통계지만 일 년에 버리는 음식물 쓰레기는 8톤 드럭 1,400대 분이며 금전으로 환산하면 15조원이 넘는 돈이라고 합니다. 악취가 심하고 토양으로 흘러가면 토양이 오염되며 땅으로 스며들면 지하수가 오염되고, 강 호수로 흘러가면 수질이 오염되고 물속의 산소를 흡수하여 생태계가 파괴됩니다. 쓰레기를 잘 버리기 위한 각종 방법으로 분리수거하여 퇴비나 사료를 만듭니다. 그런데 음식물 쓰레기는 염분이 많아서 이것이 땅에 축적되면 식물과 작물을 고갈시킨다고 합니다. 우리를 사랑하는 자연을 이렇게 함부로 대접해도 되는 것일까요?

최근 미국에 사는 아내의 친구 분을 만났는데 그들은 매월 모이는 친목회에 가면 아예 빈 그릇을 가지고 가서 먹을 만큼 남기고 나머지는 빈 도시락에 싸두었다가 귀가할 때 가지고 간다는 말을 했습니다. 부스러기를 아끼는 참 좋은 방법이라는 생각이 듭니다. 그런데 우리도 그렇게 할 수가 있을까요? 귀한 손님일수록 비싼 한정식을 대접하는데 거기에는 가짓수가 너무 많은 반찬이 나옵니다. 다 먹지 못하고 쓰레기로 나가게 되는데 그런 자리에서 체면 깎이게 빈 도시락 펴놓고 반찬을 미리 담을 수 있을까요? 그러나 모든 음식은 하나님께서 주신 것입니다. 하나님께서 하사하신 음식이라고 생각한다면 하나도 남기지 말고 먹거나 싸가지고 가야 하지 않을까요? 하나님의 마음을 안다면 말입니다.

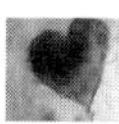 **기도**

하나님, 우리를 먹여 주신 하나님께 감사합니다. 우리에게 음식을 주신 하나님과 자연을 근심하지 않게 해 주십시오. 아멘.

천국의 환상

그리고 그들은 흰 두루마기를 한 벌씩 받아 가지고 있었고, 그들은 그들과 같은 동료 종들과 그들의 형제자매들 가운데서 그들과 같이 죽임을 당하기로 되어 있는 사람의 수가 차기까지, 아직도 더 쉬어야 한다는 말씀을 들었습니다.

계 6:11

핍박을 받고 있는 성도들의 수장인 요한에게 하나님은 천국 보좌의 환상을 보여 주셨습니다. 천상에는 하나님께서 보좌를 베푸시고 왕좌에 앉아 계시며 보좌를 둘러 스물네 장로가 앉았으며 보좌 주위에 네 생물이 있어서 장로들과 생물들이 밤낮을 쉬지 않고 하나님을 경배하고 찬양하는데 하나님 곁에 서 있는 어린양 예수가 하나님이 들고 있는 일곱 두루마리를 받아 인을 뗄 때마다 지상에는 재앙이 임합니다. 성도들을 핍박하는 자들에게 내리는 재앙입니다.

다섯 째 인을 뗄 때에는 주를 증거하다 순교를 당한 영혼들이

제단 아래에서 세상에서 무고히 흘린 자기들의 피 값을 언제 갚아 주시겠느냐고 하나님께 신원하는데 하나님은 흰 두루마기를 주며 이것을 입고 그들처럼 죽임을 당하여 천국에 올 사람의 수가 차기까지 아직도 더 쉬고 기다리라고 말합니다. 공평하신 하나님께서 당장 악인은 지옥으로, 믿는 자는 천국으로 보내시면 좋을 것 같은데 아직 때가 이르지 못한 모양입니다. 따라서 지상에는 종말의 때가 계속되고 있습니다. 흰옷을 입은 순교자들은 때가 이르기까지 가까이에서 하나님과 어린양 예수의 구원을 찬양하는 기쁨을 누리며 쉽니다. 하나님이 주시고, 어린양 예수님이 받은 계시는 천사가 일곱 인을 떼고, 일곱 나팔을 불고, 일곱 대접을 쏟을 때마다 점차 더 심한 하나님의 심판으로 나타납니다. 자연과 온갖 피조물이 심판을 받고 하늘의 별들이 대풍에 흔들리는 무화과 열매처럼 떨어지고 하늘이 두루마리처럼 말리고 산과 들의 위치가 변하는 재앙(계 6:13, 14)이 일어납니다. 최후의 심판이 오기 전 지상에 임하는 대 환란입니다. 이것은 바빌론과 메데 바사와 헬라와 로마의 학정을 상징하는 환란이기도 합니다. 그러나 이 환란 가운데도 모세가 이집트에서 캄캄한 흑암이 삼일 동안 덮이게 했을 때에 온 이스라엘 자손이 거하는 고센 땅에는 빛이 있었던 것처럼(출 10:22, 23) 성도들은 그 이마에 하나님의 소유임을 나타내는 인을 쳐서 재난 속에서도 구원하시며 보호하신다는 소망을 보여 줍니다. 요한의 계시록을 통해 당시 성도들이 위안을 받았던 것처럼 지금도 우리는 부활의 소망으로 충분히 하나님의 사랑과 천국을 체험하고 있습니다.

우리는 지금도 수많은 사람들이 보았다는 천국환상을 듣고 혼란을 느끼게 됩니다. 어린양의 혼인 잔치에 초청을 받고 크고 흰 보좌의 마지막 심판을 거쳐서 드디어 새 하늘과 새 땅을 보게 될 때 새 예루살렘에서 세세토록 주와 함께 왕 노릇하는 요한의 천국 환상 외에 또 다른 천국의 환상이 필요할까요? 천국에 대해 우리는 너무 현세적인 그림을 그릴 때가 많습니다. 앞서 간 가족과 친구를 만날 수 있으며, 진수성찬으로 굶주림이 없으며 세상에서 행한 공적에 따라 금은보화로 장식된 대궐에서 살 수 있다고 생각하는 환상은 자기중심적인 천국환상이 아닐까요?

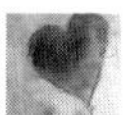 **기도**

하나님, 제가 천국을 잘못 생각하고 있는 것입니까? 바로잡아 주십시오. 아멘.

한적한 곳

날이 밝으매 예수께서 나오사 한적한 곳에 가시니 무리가 찾다가
만나서 자기들에게서 떠나시지 못하게 만류하려 하매(개역개정)

눅 4:42

예수님께서 '한적한 곳'을 찾으셨다는 말은 성경 이곳저곳에 많이 나옵니다. 무리들에게 시달리면 아버지인 하나님과의 교제가 소원해지는 것을 경계했기 때문인 것 같습니다. 우리도 요즘은 한적한 곳을 원합니다. 그러나 한적한 곳을 찾을 수 있을까요? 장사하는 곳은 물론 한적하지 않습니다. 팔려고 기를 쓰고, 싸게 사려고 기를 쓰는 사람들로 아비규환입니다. 재래시장이나 백화점이나 아울렛이 그렇습니다. 우리가 사는 아파트 주변은 어떻습니까? 거리의 소음, 음식점 주변의 노변 주차, 그 사이를 달리는 승용차의 소음, 밤에는 음주족의 고성방가 …… 정말 한적한 곳을 찾고 싶

습니다. 지성인은 좀 조용할 것 같은데 정치판의 표몰이를 하는 정치인들은 더 시끄럽습니다. 대기업의 경제인들은 점잖은 것이 아니고 검찰청을 드나들어 서민들의 마음속을 시끄럽게 합니다.

세속을 떠나 산으로 가면 좀 한적할까요? 예수님 당시는 그랬을 것 같은데 지금은 어림없습니다. 경치가 좋다면 등산객들이 버스를 대절해서 몰려들어 발로 밟아 민둥산을 만들어 버립니다. 좀 발길이 뜸해 괜찮다 싶으면 산에 심겨진 나무를 자르고 불도저가 땅을 헐어 스키장이나 골프장을 만드느라 시끄럽습니다. 또 아예 산을 사서 큰 콘도를 짓습니다. 절에 가면 한적할까요? 아닙니다. 요즘은 절도 관광객을 유치하기 위해 록밴드(rock band)를 조정하여 음악회를 하고 구경하는 스님들도 환호를 합니다. 명상으로 열반의 상태에 늘어갔다는 부처님 제자들의 반란일까요? 요즘은 아예 스님록밴드가 조직되어 악기를 들여놓고 작곡도하며 키보드, 드럼도 연주하는 연습을 한다고 합니다. 황금색 불존 앞에서 마이크를 들고 노래하는 스님의 노래가 너무 좋고 그 가사가 더 좋다는 네티즌들의 글을 보면 불교가 세상을 떠난 것(俗離)이 아니고 세상 속으로 빨려 들어갔다고 하고 싶을 지경입니다.

다윗은 여러 나라를 정복하기 위해 피를 많이 흘렸기 때문에 하나님께서 성전 건축을 허락하지 않은 사람입니다. 그러나 그는 말년에 많은 욕심을 내려놓고 하나님의 품(한적한 곳)에 편히 쉬고 싶어 했습니다. 그는 시편에서 "오히려, 내 마음은 고요하고 평온합니다. 젖 뗀 아이가 어머니 품에 안겨 있듯이, 내 영혼도 젖 뗀 아이와 같습니다(시 131:2)."라고 노래했습니다. 그는 모든 욕심을 버리고 겸손하겠다는 것입니다. 젖을 달라고 칭얼대는 아이가 아니라 젖을 보고도 더 이상 빨려 하지 않고 아무 욕심 없이 어머니 품에 평안히 안겨 있는 평온을 원한다는 것입니다. 현재도 장래도 다 어머니께 맡겨버리고 아무 소원도 하지 않겠다는 것입니다. 기독교인인 우리가 바라는 이상理想이 바로 이런 것이 아닐까요? 요즘 저는 인터넷의 얼책(facebook)에 빠져 시간 가는 줄을 모르는 경우가 있습니다. 한적한 곳을 원한다는 저도 불당에서 노래하는 스님처럼 속세에 빨려 드는 것이 아닐까요?

 **기도**

하나님, 어머니 품 안에서 모든 욕심을 버린 젖 뗀 어린아이 같이 되기를 원합니다. 아멘.

어리석음을 유지하는 삶

너는 스스로 지혜롭다 하는 사람을 보았을 것이나, 그런 사람보다는 오히려 미련한 사람에게 더 희망이 있다.

잠 26:12

지난 10월 5일(2011년) 스티브 잡스(Steven Paul Jobs)가 세상을 떠나자 온 세상이 그를 애도하는 목소리를 높였습니다. 우리나라에서도 특히 그의 스텐포드 대학에서의 졸업권설은 아주 유명해졌습니다. 그 중에 'Stay hungry. Stay foolish.'는 우리에게도 주어진 말이라는 생각을 하게 되었습니다. 왜냐하면 이 말은 '지구백과(Whole Earth Catalog)'의 최종판 뒤표지의 그림에 쓰인 글로서 잡스가 언제나 그러기를 원했던 좌우명이며 대학을 졸업하고 새 삶을 살고자 하는 대학생들의 좌우명도 되기를 원한다고 말하며 권설을 끝냈기 때문입니다. 그런데 'Stay hungry.'는 잘 이해가 됩니다. 사슴이 시냇물을 갈급함 같이 자기가 사랑하는 일에 갈급한 상태로 살라는 말로 이해가 가능합니다. 그러나 'Stay foolish.'에는 해석이 구구합니다. '어리석은 상태'로 살라는 것은 이해가 되지 않기 때문입니다. '어리석은' 것은 '슬기로운' 것과 반대 되는 개념으로 매우 부정적인 말이기 때문입니다. 성경에는 "차라리 새끼 빼앗긴 암곰을 만날지언정 미련한 일을 행하는 미련한 자를 만나지 말 것이니라(잠 17:12)."고 말했고 "미련한 자를 곡물과 함께 절구에 넣고 공이로 찧을지라도 그의 미련은 벗겨지지 아니하느니라(잠 27:2)."라고 저주한 내용도 있어 그런 미련한 자(어리석은 자)로 살라는 말은 적절하지 않기 때문입니다. 그래서 어떤 이는 '우직愚直하게' 살라고 해석합니다. 우직은 어리석다는 뜻이 좀 희석되기 때문입니다. 이것은 어리석음에 고지식하다는 둘째 번 의미가 첨가된 것입니다. 어떤 이는 학문 탐구에 '갈급하라.' 그리고 끝까지 '학문을 계속하라.'로 해석하기도 합니다. 그것이 잡스의 좌우명이며 졸업생들의 좌우명이기를 원했을까요?

잡스는 비싼 등록금 때문에 6개월 만에 대학을 그만 두었을 때도 위기를 기회로 생각하고 자기 일을 사랑했으며 호기심과 직감을 믿고 아버지의 창고에서 친구와 함께 20세 때 애플사를 창업하고 29세에 이 회사를 4,000명을 거느린 대기업으로 성장시켰는데 자기 회사에서 추방당하고 다시 홀로 되어서 NeXT Inc.(컴퓨터 회사)를 창업했습니다. 후에 도산해 가는 애플사가 이 회사를 사들여 잡스를 최고 경영자로 영입했을 때 그는 애플의 혁신과 시장에서의 성공을 거두었습니다. 그는 여기서 14년 동안을 연봉 $1로 봉사하다가 건강 악화로 2011년 8월 퇴사하였습니다. 그의 삶은 세상 사람들의 눈에는 분명 어리석은 삶이었습니다. 그는 남이 어리석다고 보는 삶을 살기를 좋아했습니다. 지식으로, 부귀로, 권력으로 자기를 포장하면 성공적인 인생으로 비칠지 모릅니다. 그러나 그는 기독교인은 아니지만 그린 포장된 인간이 아니고 신이 주신 원초적인 모습으로 사는 것 즉 세상에서 볼 때 '어리석은 상태로' 사는 것이 옳은 삶이라고 생각한 것 같습니다.

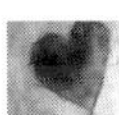 **기도**

하나님, 스스로 지혜롭다고 생각하는 사람들 사이에서 어리석게 살기를 원합니다. 아멘.

때와 시기

> 그러나 형제자매 여러분, 여러분은 어둠 속에 있지 않으므로, 그날
> 이 여러분에게 도둑처럼 덮치지는 않을 것입니다.
>
> 살 5:4

데살로니가전서에 의하면 그 교회 교인들은 하늘에 올라가신 예수님께서 언제 그들을 다시 데리러 오실지 아주 궁금했던 것 같습니다. 그리고 고난을 받다가 아쉽게 떠난 사람들은 또 어떻게 되는 것인지 그것도 궁금해 했습니다. "때와 시기는 아버지께서 자기의 권한에 두셨으니 너희의 알 바 아니라"고 말했는데도 그 정확한 시기를 그래도 알고 싶었던 것입니다. 그러나 그 시기와 때는 2000년이 지난 지금도 알 수 없습니다. 시기를 알고 싶은 것은 그것을 앎으로 삶의 목표를 정립하기 위한 것인데 바울은 이에 대해 주가 재림하실 역사적인 시간과 그 적절한 순간을 알아보려하는 것은

잘못된 생각이며 그리스도의 재림에 대해 우리의 각오는 영적으로 '깨어 있는 일.'이라고 말 합니다. "주의 날은 밤에 도둑 같이" 임하기 때문에 언제 올지 알 수가 없으며 "임신한 여자에게 해산의 고통이 이름과 같이" 갑자기 이르기 때문에 신호가 오면 이제는 종말이 임박했다는 것을 깨닫기 위해 깨어 있어야 한다는 것입니다.

요즘 사람들은 주의 재림에 대해 거의 무관심하며 그것이 언제 온들 무슨 상관이냐고 생각하는 사람이 많은 것 같습니다. 저도 주의 재림에 무관심할 때가 많습니다. 그러나 세상의 불의와 억울한 일로 죽어긴 성도를 볼 때마나 하나님의 공의가 마지막으로 실현될 세상을 열망하는 즉 종말을 소망하며 살게 됩니다. 그러면서 천국 보좌의 제단 아래서 "거룩하고 참되신 통치자님, 우리가 얼마나 더 오래 기다려야 땅 위에 사는 자들을 심판하시고 또 우리가 흘린 피의 원수를 갚아 주시겠습니까?(계 6:10)" 하고 호소하는 순교자들의 목소리를 듣습니다. 하나님이 통치하는 주의 날은 속히 와야 합니다. 그런데 제가 할 일은 '깨어 있는 일.'입니다. 죽기까지 긴장을 늦추지 않고 깨어 있을 수 있을까요? 그런데 반가운 것은 우리는 예수를 영접함으로 '빛의 자녀가 되었기 때문에(살전 5:5)'

어둠 속에 있지 않고 '주의 날이 도둑처럼 덮치지 않을 것(살전 5:4)'이라고 합니다. 따라서 우리는 예수와 함께 살고 있으면 됩니다(살전 5:10).

때와 시기를 알 수 있다는 시한부 종말론 때문에 많은 사람이 죽기도 하고 재산을 사기 당하기도 합니다. 1992년 10월 28일 24시에 종말이 온다고 예언한 다미선교회의 말을 믿고 전국 각지의 166개 교회에서 8,000여 명이 밤 12시에 모여 종말의 순간을 기다렸다는 사실은 성경을 너무 모르고 있는 소행이라고 생각합니다. 요즘도 이와는 다른 2012년 12월 21일의 지구 종말론이 또 유포되고 있습니다.

우리는 깨어 있어야 되겠습니다.

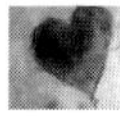 **기도**

하나님, 우리에게 주의 날이 갑자기 임할 수 있다는 생각으로 깨어 기다릴 수 있게 해 주십시오. 아멘.

네가 도와주어라

그의 주인이 그에게 말하였다. '착하고, 신실한 종아, 잘했다! 네가 적은 일에 신실하였으니, 이제 내가 많은 일을 네게 맡기겠다. 와서 주인과 함께 기쁨을 누려라.'

마 25:23

지는 지난 9월 마지막 주일의 오후예배에 김석균 선교사가 외서 찬양간증예배를 인도한다는 말에 가슴이 뛰었습니다. 그는 서울의 문일고등학교 교사로 있을 때 제가 학교로 전화해서 대전에 와서 찬양간증예배를 인도해 달라는 부탁을 했는데 그때도 벌써 유명해지고 바쁜 분이었는데 제 요청에 두 번 이상 기꺼이 응해 주었던 분입니다. 마지막은 1997년이었는데 그는 왔다 가면서 저에게 복음성가 작곡 음반 2개를 기념으로 주면서 의미 있는 개인 서명까지 해주고 가서 오랫동안 그 음악을 들으며 은혜를 받았습니다. 그 뒤로는 그는 신학도 공부하면서 극동방송이나 CTS 방송에 바쁘게 출연하는 것을 보고 이제는 우리 교회에 모시기는 어렵겠다고 생각하고 있었는데 갑자기 교회에 오게 되었다고 해서 정말 만나보고 싶었습니다. 그런데 그는 이제는 '월드 비전'의 홍보대사가 되어 있었습니다.

그와 함께 찬양을 하면서, 또 간증을 들으면서, 나를 많이 돌아보게 되었습니다. 특히 동영상을 통해 탤런트 김혜자 권사가 아프리카에서 굶주린 어린애들을 품에 안으며 그들의 실상을 들려주는 모습을 보면서 머리로는 하나님의 말씀을 이해하면서 말씀을 실천하지 못하며 행함이 없는 신앙 가운데 살고 있는 자신이 부끄러워졌습니다. 우리가 지구상에서 굶주려 죽어가는 아프리카의 난민에게 하나님의 사랑이 고르게 미치지 못하게 한 것을 죄송하게 생각하고 있었다면 호텔에서 호화로운 식사를 대할 때, 또 조금은 사치스러운 옷이나 핸드백을 사려 할 때는 이 값이면 아프리카의 굶주린 어린애 몇 사람의 생명을 살릴 수 있겠는가를 생각했을 것입니다. 김석균 선교사가 이런 일에 홍보대사로 뛰어든 것이 갸륵하게 생각되기도 했습니다.

드디어 우리에게 후원신청서가 나누어졌습니다. 감동했으면 이제 실천하자는 것이었습니다. 아동결연후원은 국내가 월 5만원, 해

외가 월 3만원이었습니다. 막상 후원신청서를 대하고 보니 펜이 움직이지 않았습니다. 우리가 가진 것은 다 하나님께서 맡기신 것인데 하나님의 뜻대로 쓰고 싶지 않은 것입니다. "너는 그 정도 내도 굶지 않는다. 도와주어라." 그런 음성이 들렸습니다. 그러나 쉽게 결정하지 못하였습니다. 그래서 1년간만 매월 3만원씩 내겠다고 설명을 붙여서 다시 집으로 연락을 해달라고 써서 제출하였습니다. 집에 와서 아내에게 말했더니 1년간이 뭐냐고 평생 살아 있는 동안 내야 한다고 말하면서 CTS 방송을 듣는 동안 몇 번이고 후원해야 한다는 생각을 하고 실천을 못했는데 하나님께서 기회를 주셔서 감사하다고 말했습니다. 부끄러운 생각이 들어서 '월드 비전'에서 전화가 왔을 때 일 년이 아니고 평생을 내겠다고 말했더니 결연 아동의 사진을 보내왔습니다. 하나님께서 맡기신 것을 보람 있게 쓴 것입니다. "착하고 신실한 종아, 잘했다."고 하나님께서 칭찬하시는 것 같았습니다.

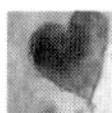 **기도**

하나님, 하나님께서는 심은 대로 거두시고 뿌린 대로 모으시는 분입니다. 심으시고 뿌리신 것을 제가 잘 가꾸어 바치도록 해 주십시오. 아멘.

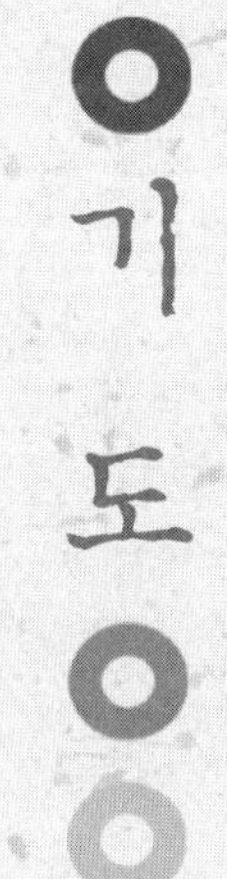
기도

오정교회 대표기도

_2011년 02월 06일

하늘에 계신 하나님 아버지, 오늘도 주의 보좌에 담대히 나가는 용기를 주시어서 저희에게 예배하는 기쁨을 허락하시니 감사합니다. 지난주는 우리나라 고유의 명절인 설날로 많은 사람이 고향을 다녀왔습니다. 이 교통대란 속에 우리 식구들을 아무 탈 없이 보호해 주심을 감사드립니다. 그러나 어떤 지방은 구제역 때문에 밖으로 나가지도 못하고 자녀들의 방문도 받지 못하였습니다. 이런 고난 가운데도 구제역은 확산되어 이제는 살처분한 가축수가 벌써 300만 마리가 넘었습니다.

공의로우신 하나님!, 이 국가적인 재앙에 가족처럼 아끼던 가축들을 땅에 묻고 망연자실한 농민들을 위로해 주시옵소서. 그러나 이것은 우리가 하님께 범죄한 탓입니다. 우리는 하나님이 다섯 째 날에 창조하고 기뻐하신 생물의 하나인 가축들을 인간의 지혜로 인공복제하고, 가두어 기르고, 인공수정하고, 살이 잘 찌는 곡물사료를 먹여 맛있는 고기만을 만들어 먹으려고 기를 써왔습니다. 그래서 가축들의 면역력을 떨어뜨렸습니다. 우리를 불쌍히 여기시옵소서. 그뿐 아니라 우리는 대기오염으로 오존층을 파괴하여 빙산이 녹고, 지구 기온이 높아지고, 사막이 많아지게 했으며 수질오염으로 고기들의 떼죽음을 보게 했습니다. 그러면서도 우리는 사치와 향락에 취해 마치 계시록에 나오는 음녀가 포도주를 마시고 취한 것 같습니다. 긍휼과 자비가 무궁하신 하나님! 오직 하나님의 긍휼에 의지하여 기도하오니 무지한 인간에게 자비를 베푸시옵소서.

나라를 위해 기도합니다. 짧은 기간에 우리가 잘 살게 되고, 삼양 주얼리 호를 해적으로부터 구출할 만큼 국력이 강해진 것을 주 앞에 감사드립니다. 그러나 가난한 사람이 일자리가 없고, 집이 없으며, 추위에 떨며 길에서 동사하는 일이 없게 위정자들에게 지혜와 총명을 허락해 주시옵소서. 정직하고 의로우며 남을 섬기는 사람이 많아지는 나라가 되게 해 주시옵소서.

교회를 위해 기도합니다. 당회장 목사님이 이스라엘에 가 계십니다. 가족이 다 건강한 가운데 많이 보고, 느끼고, 생각하며 영적인 지평을 넓히고 돌아오시기를 간절히 빕니다. 그동안 교우들이 기쁨으로 청지기 역할을 다하게 하시며 이 교회의 머리는 주님이시며 우리는 그의 몸의 지체임을 체험하는 기간이 되게 해 주옵소서. 교회가 사회로부터 많은 지탄을 받고 있는 이때 우리 교회가 이 나라의 남은 교회의 역할을 할 수 있게 해 주시옵소서.

우리 교회 공동체의 각 가정을 위해서도 기도합니다. 우리의 각 가정들을 사랑하고 지켜 주시옵소서. 부부가 사랑하며, 서로 복종하여 주 안에서 하나 되어 하나님 보시기에 아름다운 가정되게 하소서. 예수 그리스도 안에서 충성스럽고 행복한 가정 되게 해 주옵소서.

오정교회 대표기도

_2011년 05월 22일

하늘에 계신 하나님 아버지, 오늘도 주의 손에 이끌림을 받고 사랑하는 성도들과 함께 예배하는 자리에 오게 하심을 감사드립니다.

오늘은 그날입니다. 주께서 우리에게 새로 시작하라고 주신 그날이며 평생에 다시는 오지 않을 그날입니다. 주께서 세상을 창조하시고 안식하시며 보시기에 심히 좋았다고 말씀하신 바로 주의 날입니다. 주의 집에서의 한 날이 다른 곳에서의 천 날보다 귀하오니 주께로 오는 자마다 상한 심령을 위로해 주시고, 상처를 싸매주시고, 걱정 대신에 평화를 주시며 방황 대신에 안식을 주시옵소서. 병든 자를 불쌍히 여기시고 자비를 베푸시옵소서.

이달은 가정의 달입니다.

어린이의 쌔근쌔근 잠자는 얼굴에서 하나님의 사랑을 보게 하소서. 우리의 모든 복이 어린이를 통해 우리에게 전달해 오고 있는 것을 알게 하소서. 자녀를 기르면서 하나님의 인도하심을 시시때때로 느끼게 하시옵소서.

부모를 통해 우리 과거의 아픈 기억을 더듬게 하소서. 일제의 박해와 6.25와 분단의 슬픔과 군부독제의 고난을 이기고 경제대국을 이룬 주름진 손을 보게 하소서. 역사와 함께 살아온 그들을 사랑하게 하소서. 부모를 사랑하는 것은 하나님의 말씀에 순종하는 힘 드는 일임을 깨닫게 하소서.

가정의 달엔 스승의 은혜에 감사하게 하소서. 늘 은혜를 잊고 지날지라도 내 눈을 뜨게 해주신 분을 기억하게 하소서. 주님은 나의 스승이십니다. 주의 말씀이 우리 발에 등이요 우리 길에 빛이 되게 하심을 감사합니다.

하나님이시어, 우리의 가정을 축복하소서. 주님 중심, 말씀 중심의 가정이 되게 하시옵소서. 아내는 결실한 포도나무 같으며 자식들은 어린 감람나무처럼 보이게 하소서. 가정의 각 지체가 주 안에서 행복하며 충성스런 열매를 맺게 해주시옵소서.

교회가 우리 가정처럼 되기를 빕니다. 항존직 선거가 눈앞에 있는데 우리의 성숙한 모습을 나타내게 하소서. 봉사하고 수고하는 사람에게 감사하며 우리도 사명이 주어지면 감사함으로 받는 순종의 종이 되게 하소서.

이 5월에는 세계가 화목하기를 빕니다. 악의 축이 지구 한 구석에 숨어 있어 제거했다고 자랑했는데 더 많은 작은 악들이 산발적으로 세계를 위협하고 있습니다. 하나님이시어 자비를 베푸소서. 말세에 표범이 어린 염소와 함께 누우며 젖 먹는 아이가 독사의 구멍에서 장난하는 꿈같은 세상을 바라봅니다.

우리가 개척한 마닐라 오정교회를 위해서 기도할 때마다 주께서 응답해 주시옵소서. 극동방송을 통해 전파되고 있는 말씀이 시청자들에게 영의 양식이 되기를 빕니다. 목사님께서 우리에게 귀한 말씀 주실 때에 그 말씀이 하나님의 능력이 되게 하소서.

오정교회 대표기도

_ 2011년 09월 04일

하늘에 계신 하나님 아버지,

오늘은 추석을 일주일 앞 둔 9월의 첫 주입니다. 금년에는 유난히 많은 비와 태풍을 주셨지만 계속되는 맑은 날씨로 오곡을 익게 하시니 감사합니다. 뒤돌아보면 세계에서 매우 가난했던 이 나라를 G20 국가로 끌어 올려 주신 하나님의 은혜에 감사합니다. 이 나라의 앞날도 주의 손으로 인도해 주시기를 간절히 소원합니다.

우리 어린애들을 위해 기도합니다. 귀엽다는 생각으로 버릇없이 병약하게 기르지 않게 하시고 고난 속에서도 이겨나갈 씩씩한 어린애로 기르게 부모들에게 지혜를 주시옵소서.

청소년들을 위해 기도합니다. 컴퓨터 게임에 취하고 팝송이나 듣고 유명 연예인들만 쫓아다니며 괴성을 지르지 않게 주의 말씀을 그들에게 심어 주시옵소서. 물질에 탐심을 가지고 훔치고 폭력을 휘둘러서 청소년 범죄자가 되지 않게 하여 주시옵소서.

장년들을 위해 기도합니다. 3D 업종을 기피하고 편하고 쉬운 직장만 찾지 않게 하시고 주어진 기회에 최선을 다해서 성공하는 기업인이 되게 하시옵소서. 있는 사람은 사치와 명품으로 빈부의 격차를 부채질하지 않게 하시며 사회에 환원하고 나누는 삶을 살게 하시고 없는 자는 과격한 원한으로 파괴를 일삼으며 좌경화 되지 않기를 빕니다. 합리적인 과정과 주의 자비로 남북통일이 이루어지기를 간절히 기원합니다.

노인들을 위해 기도합니다. UN이 노인의 해를 정한지 20년이 되었으며 오는 10월 2일은 우리나라에서 정한 노인의 날입니다. 이 나라는 65세 이상 노인이 총인구의 1 / 10로 고령화 사회가 되었습니다. 앞으로 10년 전후에 일할 수 있는 사람 5명이 한 사람의 노인을 부양해야 한다고 합니다. 노인들에게 자비를 베푸시옵소서. 오래 사는 것만을 복으로 생각하지 않사오니 나라와 자녀들의 짐이 되지 않게 해 주옵소서. 우리가 자립하고, 사회에 참여하고, 스스로 돌보고, 노인의 존엄성을 지키고 살고 싶습니다. 우리 믿는 노인들이 목적 없이 길거리를 방황하는 삶을 살지 않게 하시고

"제가 늙어 백발이 될 때까지 저를 버리지 마시며 주의 힘을 후대에 전하고 주의 능력을 장래의 모든 사람에게 전하기까지 저를 버리지 마소서."라고 기도하며 살게 하시옵소서.

목사님이 안식년을 마치고 교회로 돌아오셨습니다. 새롭게 영적으로 충전하고 돌아오신 목사님으로부터 젊고 넘치는 영력을 공급받기를 원합니다. 대형 교회와 부도덕한 교회가 사회의 지탄을 받고 있는 이때에 우리 교회가 빛과 소금의 역할을 하며 갱생된 참교회의 모델이 되고 싶습니다. 우리에게 성령의 은사를 골고루 주시어서 그리스도의 몸을 세우는데 최선을 다해 봉사하게 해 주시옵소서.

창작

【 수필 】

애꾸눈으로 본 세상

나는 가끔 세상 꼴이 보기 싫으면 차라리 장님이 되고 싶다는 생각을 할 때가 있다. 그런데 막상 두 눈이 안 보인다면 너무 불행할 것 같아 애꾸눈이 된다면 그래도 세상 꼴을 반은 보지 않고 살아서 마음이 반은 평화롭지 않겠는가 하는 생각도 했다. 그런데 강제로 한 눈을 닫고 지낼 사건이 생겼다. 눈이 침침해져 백내장 수술을 한 것이다. 아내가 일 년 전에 한쪽 눈을 수술한 곳이어서 병원 선정에 시간 낭비를 할 필요가 없었다. 안약 점안으로 마취를

---

* 이 수필은 '애꾸눈으로 본 세상'이라는 제목으로 묵상한 내용을 수필로 재구성한 것입니다. 따라서 내용이 중복된 곳이 있음을 양해 해 주시기 바랍니다.

하고 20분 정도면 통증 없이 수술을 끝내고 귀가할 수 있다고 선
전하고 있는 곳이었다. 그러나 수술 전 혈압, 당뇨 등을 조사해야
하기 때문에 먼저 일반 병원의 검사를 마치고 일주일 후 그 결과
를 가지고 병원으로 갔다. 누구나 마찬가지겠지만 나는 부득이한
경우를 빼고는 몸에 칼을 대는 것을 싫어한다. 그러나 이것은 부득
이한 경우다. 아내는 나머지 한쪽 눈을, 그리고 나는 오른쪽 눈의
백내장 수술을 받게 되었다. 나올 때는 수술한 눈에 보안용으로 두
툼한 플라스틱 컵 같은 안대를 씌워 주었다. 승용차를 가져갔기 때
문에 운전을 하고 귀가해야 하는데 병원에서

"아버님, 본인이 운전하고 가시는 것은 위험합니다. 우리 병원은
'안전귀가제도'를 운영하고 있습니다. 대리운전자를 불러드리겠으
니 그렇게 귀가하시지요"
라고 해서 병원에서 서비스를 잘 한다고 생각하며 퍽 만족스러웠
다. 그런데 대리운전자가 집에 도착하자 이만 원을 요구한 것이다.
우리 집은 시내에서 멀어서 40분은 걸리는 거리였다. 병원 서비스
는 대리운전자를 불러주는 선의 친절인 것을 내가 좋은 쪽으로 과
대망상을 한 것이다. 문제는 다음날이었다. 다음날 또 수술 경과를
보기 위해 병원을 가야 하는데 거금 이만 원을 주고 꼭 대리운전

자를 부를 것인가 하는 생각이 들었다. 외눈으로도 세상의 볼 것은 다 볼 수 있지 않은가? 그래서 애꾸눈으로 운전을 하여 병원으로 갔다. 한 눈으로는 거리를 제대로 측정할 수 없으며 바늘구멍에 실을 꿰는 것이 어렵다는 것 정도를 알고 있어서 천천히, 앞뒤 차의 안전거리를 유지하며 운전하였다. 사십분으로 족했다. 올 때는 더 편했다. 안대 없이 두 눈을 다 뜨고 올 수 있었기 때문이다. 시력이 밝아져서 더 잘 보였지만 없는 것이 더 보이는 것도 아니었다.

외눈박이 원숭이가 사는 마을에 갔더니 양 눈을 가진 원숭이가 병신 취급을 받았다는 이야기가 생각났다. 외눈박이 원숭이가 자기들이 보는 세상이 제대로 된 세상이라고 우길 수 있겠다는 생각을 한 것이다. 왜 하나님께서 두 눈을 주셨을까?

우리가 물체를 볼 때 수정체를 통해 들어온 빛은 망막에 거꾸로 전도顚倒된 영상을 맺는데 이것이 시신경을 통해 대뇌로 정보를 전달할 때 바로 보게 해석한다고 한다. 외눈일 때도 이것은 마찬가지다. 그런데 왜 두 눈이 필요한가?

성경에 보면 이스라엘 백성이 광야에서 가나안 땅으로 들어가려고 정탐꾼을 보낼 때 12지파에서 한 사람씩 택한 12명을 보낸 일이 있다. 그때 이들 12명은 같은 것을 보고 돌아왔다. 그러나 여호수아와 갈렙을 제외한 10명은 그 땅의 백성은 거인들이어서 공격할 수 없다고 말했고 여호수아와 갈렙은 '그들은 우리의 밥'이니 두려워 할 것이 없다고 말했다. 나는 이것을 한 눈과 두 눈으로 본 차이라고 말하고 싶다. 두 눈은 거리개념 뿐 아니라 다른 알파가 또 있다. 한 눈으로 조심스럽게 운전하지 않고 두 눈으로 초점을 맞추어 먼 곳을 바라보면 차가 가고 있는 앞길이 밝게 보인다. 더 멀리 석양에 구름 가장자리가 붉게 물든 것도 보인다. 이제는 하나님의 창조에 감격하며 여유 있게 운전할 수 있게 된다. 운전 뿐 아니라 대리석을 볼 때에도 겉모양만 보는 것이 아니라 그 속에 숨어 있는 조각품까지 보게 되는 놀라운 일까지 생기리라고 나는 믿고 싶다. 하나는 세상을 보는 눈 하나는 영의 눈이었으면 좋겠다. 나는 흐려진 눈을 밝은 눈으로 갖게 되면서 하나는 영의 눈이 되기를 바란다. 여호수아처럼 남이 보지 못하는 것을 보고 싶어서다.

나는 2008년 미국 캘리포니아의 몬테레이에서 있었던 TED(기술, 즐거움, 디자인) 콘퍼런스에서 하버드대학의 뇌 과학자 질 테일러 박사가 행한 연설의 동영상을 본 일이 있다. 그때 그녀는 실감 나게 인간의 실제 뇌를 가져와 두 반구로 쪼개 보여 주는 것을 보고 새삼 놀랐다. 뇌가 완전히 뇌피질로 싸여 둘로 나누어져 있었다. 결국 우리 몸은 완전히 대칭으로 만들어져 있으며 두 두뇌, 두 귀, 두 눈, 두 팔, 두 다리 이렇게 쌍으로 되어 있는 것이다. 이 좌뇌左惱와 우뇌右惱가 독립적으로 활동하고 있어서 자기는 좌뇌가 마비되어 쓰러졌는데 우뇌의 도움으로 8년 만에 회복했다는 것이다. 그녀는 뇌졸중 초기에 자기 뇌에 문제가 생겼다는 것을 알고 전화를 하려 했지만 번호가 생각이 나지 않고 이름이 생각이 나지 않았다고 한다(이것은 좌뇌가 하는 일이므로). 그녀는 뇌 과학자로 이것을 뇌졸중 상황을 연구하는 좋은 기회로 자기 병을 보며 치료에 응했는데 바쁘게 직장 생활을 유지하게 했던 좌뇌의 활동인 언어적, 논리적, 지적, 현실적, 분석적 영역을 한순간 다 잊고 창의적, 직관적, 정서적, 시각적 판단을 주로 하는 우뇌에 맡겨 버리자 행복하고 황홀한 느낌을 가졌다고 말하고 있다. 그녀에 의하면 좌뇌의 활동은 중요하지만 우뇌를 지배하려는 욕망에서 한 발 비켜서면 더 평화롭고 영적인 삶을 영위할 수 있다는 것이다. 어떻든 우뇌의 도움 없이 좌뇌만으로는 마음의 평화와 기쁨을 회복할 수 없다는 논지였다.

그렇다면 우리 몸의 양측 대칭은 완전히 상호 보완적이어서 어느 하나로 창조주가 의도한 바른 사물의 판단은 불가하다는 뜻이 된다.

10 사람의 정탐꾼은 현실적으로 눈에 보인 것을 대뇌에 시신경 신호로 전달할 때 자기 본 것이 옳다는 논리적이고 분석적인 신호 전달을 우뇌를 무시하고 강압적으로 좌뇌가 하므로 그들은 미래의 큰 그림과 기쁨을 담당하는 우뇌의 기능을 마비시켜버린 것이다.

애꾸눈으로도 모든 것을 보고 그것이 옳다고 주장할 수 있다. 그러나 그 한편의 주장이 너무 강하면 창의적이며 직관적이며 정서적인 것을 보는 조화로운 우뇌의 기능을 마비시키고 하나님이 만드신 아름다운 세상을 꿈꾸지 못하게 하는 것은 아닐까하고 생각한다. 한쪽 눈을 무시할 수가 없다. 애꾸눈의 세상이 전부이며 옳다고 말할 수 없다. 어떤 분은 양 눈의 백내장 수술을 받고 어떻게 세상이 밝고 아름답게 보이는지 "참 아름다워라……"라는 찬송을 수십 번 불렀다고 한다. 그 기쁨이 어디서 솟아난 것이겠는가? 하나님의 아름답고 조화로운 세상을 새롭게 본 탓이라고 생각한다. 거울로 보는 것처럼 희미하지 않고 얼굴과 얼굴을 대하여 보는 것 같은 기쁨이 솟아난 것이다.

우리는 두 눈을 가지고도 애꾸눈처럼 보고 사는 사람이 있다. 두 눈으로 세상을 새롭게 바라보자는 것이 백내장 수술을 통해 얻은 나의 교훈이다.

급매물 교회

상가 건물 3층에 이삼십 명 모인 교인들이 웅성거리고 있었다. 밖에는 눈발이 날리는 스산한 날씨였다. 날씨만큼 그들의 마음도 스산하였다. 교회가 부도가 나서 쫓겨나야 한다는 소문을 들었기 때문이었다. 그래도 실내에는 뒷방에 목회자 상담실도 있고, 간이 설교단도 만들어져 있으며 전자 키보드도 있고 드럼도 있었다. 마이크, 스피커 등 음향 시설도 있어 작은 교회의 모습은 다 갖추고 있었다. 아직 목사가 안 보인 것뿐이었다. 교인들은 실내에 놓인 의자에 앉아 재정 장로인 이 장로의 눈치를 살피었다. 교회의 사정을 알고 있다면 먼저 그가 알고 있어야 할 것이기 때문이었다. 그러나 그는 아무 말이 없다.

이때 뒷문으로 검은 두루마기를 입고 목에 하얀 목도리를 두른 낯선 사람이 터벅터벅 걸어 들어왔다. 그는 서슴없이 강대상 위로 올라가 교인들을 돌아보았다.

"여러분, 오늘부터 제가 여러분의 목사입니다."

모두 웅성거렸다.

"조용히 하십시오. 제가 이 교회를 샀습니다. 교회뿐 아니라 여러분 50명도 함께 샀습니다. 그래서 이 교회는 나의 것이며 여러분도 나의 것입니다."

"무슨 소리를 하는 거요? 우리를 샀다고요? 누구 맘대로 우리를 사요? 누구한테 샀다는 말입니까?"

"여러분의 이전 목사에게 교회와 신도를 싸잡아서 흥정하고 샀다는 말입니다."

"무슨 개 같은 소리를 하는 거요?"

한 사람이 고래고래 소리를 질렀다.

"여러분은 그러나 기뻐하십시오. 내가 이 교회가 진 모든 빚을 다 갚았으니 여러분은 교회 빚 걱정할 것이 없어졌습니다. 그뿐 아니라 여러분은 교회에 약정하고 내야 할 돈에서 해방된 것입니다. 이제 건축헌금 걱정하지 마십시오. 십일조 걱정하지 마십시오. 일 천번제 헌금 내지 않아도 됩니다. 여러분은 교회에 빚진 것이 없습니다. 내도 되고 안 내도 됩니다. 억지로 하지 말고, 내고 싶으면 자원하는 마음, 감사하는 마음으로 드리십시오. 여러분은 여기서 쫓겨날 염려 없이 예배를 드릴 수 있습니다."

교인들은 눈을 둥그렇게 뜨고 돌아보았다.

"여러분은 목사 사례 어떻게 할 것인가? 이 예배당 월세는 어떻게 낼 것인가 이제부터는 걱정하지 마십시오. 나는 사례를 받지 않습니다. 월세는 헌금으로 넉넉히 내고 남을 것입니다. 교회 있겠다. 목사 있겠다. 교인 있겠다. 무엇이 걱정입니까? 여러분의 구원은 어디 가는 것이 아닙니다. 안심하고 주님께 붙어 있으십시오. 그러면 됩니다."

어리둥절한 가운데 예배를 마치고 그들은 재정 장로에게 정말 교회의 부도위기는 끝난 것이냐고 물었다. 그는 고개를 끄덕일 뿐이었다.

새로 온 천 목사는 약간 떨어진 시골에 집을 가지고 있었는데 차도 없이 거기서 버스로 출퇴근한다고 말했다. 재정 장로는 무언가 좀 알고 있는 눈치였다.

천 목사는 다음 주 광고 시간에 더 큰 폭탄선언을 하였다.

"여러분 내 말을 잘 들으시오. 나는 이 교회에서 장로와 집사 직분을 다 없애고 모두 자매, 형제로 부르기로 하겠습니다. 이 직분은 교회의 계급이 아닙니다. 평신도가 집사가 되고 집사가 장로로 진급하고 그 위에 목사가 있는 것이 아닙니다. 이 직분은 주님의 몸인 교회의 손과 발이 되어 하나님의 청지기로 일하도록 받은 은사인데 잘못 인식하고 있어 원점에서 새로 시작하려고 합니다. 새 술은 새 부대에 담아야 합니다. 제가 새 목회를 시작하면서 모든 세도를 초대교회 정신으로 되돌려 새 부대에 담으려 합니다."

"기름 부은 장로를 목사가 마음대로 없앨 수 있습니까?"

한 교우가 손을 들고 말했다.

"이 교회는 어느 교단에 속하지 않은 독립교단의 교회입니다. 다시 말하면 이 건물은 소속 교단의 재산이 아니며 상부 기관의 허락을 받아 장로를 세운 것도 아닙니다. 목사가 교회정관을 만들고 임의로 정한 것이란 말입니다. 그러나 나는 옛 정관을 무시하고 제가 만든 새 정관으로 교회를 운영할 것입니다. 불만으로 이 교회를 나가려면 나가도 됩니다. 그러나 다른 교회에 간다고 장로로 인정받을 수 있는 것은 아닙니다. 아예 여기서 새로 시작하는 것이 좋지 않겠습니까? 모든 제도를 없애고 교인이 얼마 안 되기 때문에 교회의 모든 문제는 전체 회의인 공동의회에서 결정하도록 하겠습니다.”

재정이 약한 이 교회에서는 예배당 건물을 임대하기 위해 장로로 두 사람을 세웠다. 그리고 그들 각각에게 삼천 만원씩 특별헌금을 부담시켰다. 그렇게 해서 세움 받은 두 장로들이 교회의 직분을 없앤 것에 제일 불만이 많았다. 그러나 다른 교인들은 이런 계급을 없애는 것에 별 관심이 없었다. 오히려 더 좋아 하는 것 같았다. 두 장로 중의 한 사람인 이인식 장로가 현재 재정 장로였는데 헌금 집계는 어떻게 할 것이며 자기의 위치는 어떻게 될 것인지 불안한 모양이었다. 천 목사는 앞으로 얼마 동안 재정 장로였던 이인식 형제가 헌금은 집계하되 매주 천 목사 자기 명의로 된 통장에 입금하고 지출결의서를 만들어 결재를 맡고 출금해서 쓸 수 있도록 하겠다고 선언했다. 급하게 지출해야 할 일을 위해 50만원의 소액 예비금을 회계에게 주어 선지불 후결재를 한다고도 말했다.

천 목사는 이 장로를 어느 정도 알고 있었다. 이 건물을 임대하는데 일억 원이 들었는데 교회에서 장로 장립 때 낸 돈을 합해 준비한 돈 오천만원을 내고 나머지 반은 은행 대부를 받으면서 이 장로가 자기 집을 저당하고 대신 교회의 임대계약은 자기 명의로 했다. 교회가 어려워지자 은행 상환금을 제때 못 내고 예배당 건물의 월세도 제대로 내지 못해 교회는 부도 직전에 몰린 것이다. 여기서 제일 위기에 처한 사람은 이 장로였다. 은행 빚을 갚지 못하면 자기 집이 위태롭기 때문이었다. 생각다 못한 이 장로는 자기 명의로 임대한 예배당 건물을 급매물로 내놓은 것이었다. 아무도 교회에 관심을 가져주지 않았는데 그래도 천 목사가 문제를 해결해 준 것은 다행이었다. 그래서 급매물로 내놓은 교회가 팔린 것이었다. 그러나 그는 목사는 교체했지만 자기의 기득권은 가지고 교회에 군림하고 싶었었다. 그런데 천 목사는 건물의 전세계약서를 자기 명의로 하고 교회 헌금도 자기 명의의 통장을 만들어 관리하겠다고 선언한 것이었다. 이건 교회와 신도들을 자기의 사유물로 만들겠다는 이단 교주들과 무엇이 다른가 하고 이 장로는 불만이었다. 적어도 교회 헌금은 교회 명의로 은행 계좌를 개설하고 관리해야 한다고 주장했었다.

6주 동안 수요일 저녁은 천 목사가 매주 주기도에 대한 강해설교를 하겠다고 말했다. 그런데 네 주일째 수요 예배가 끝나자 젊은 성도 몇 사람이 귀가하지 않고 목사와 면담을 하겠다고 신청하였다. 좀 심상치 않았지만 천 목사는 그들을 상담실로 인도하여 대면하였다. 그런데 그들의 첫 질문은 목사는 어디서 안수를 받았으며 어느 신학교를 나왔느냐는 것이었다.

"예수님이 말씀을 전하는데 그분이 어느 신학교를 나오셨는지, 병자를 많이 고치셨는데 그분이 어느 의과대학을 나오셨는지 문제가 되었습니까? 제 목사 안수가 왜 문제가 됩니까?"

"목사님은 예수님이 아니잖아요? 목사님이 어느 교파에 소속된 것인지, 신앙 노선은 어떤지 알아야 따라갈 것이 아닙니까?"

"한 삼 주 간 아무 말도 없이 잘 따라오기 때문에 순한 양인 줄 알았는데 이리였습니까?"

그리고 그는 계속하였다.

"저는 현재 어느 교단에 속해 있지 않지만 성경 말씀을 정확무오한 하나님의 말씀으로 믿으며 삼위일체 하나님을 믿고 웨스트민스터 신앙고백을 나의 고백으로 삼습니다. 또 예수께서 오셔서 십자가로 구원을 이루셨으며 예수님만이 나의 구주임을 믿습니다. 목사 안수와 출신 신학교에 대해서는 목사 안수 당시 내가 어느 교회에 속해 있었는지 여러분이 인터넷의 인물 정보를 통해 알아보십시오. 제가 청문회의 대상 인물이 되어 답변하고 있으면 신앙

지도자의 권위를 잃게 됩니다.”

“혹 우리 교회가 이단이 아니냐고 물으면 어떻게 대답하면 됩니까?”

“와서 말씀을 들어보고 함께 교회생활을 해 보라고 전하십시오. 내가 성경을 임의로 해석했습니까? 내가 예수님이 이루지 못한 구원을 이룰 유일한 말씀의 소유자라고 말한 적이 있습니까? ‘당신은 언제 몇 시에 거듭 났느냐’고 질문한 일이 있습니까? 삼위일체를 부인한 적이 있습니까? 병역과 수혈을 거부하라고 말한 적이 있습니까? 내가 신비체험을 했으며, 그리스도 및 세례 요한과 대화를 했으며 나만이 진리 수호자라고 주장하며 여러분을 비밀집단에 가두어둔 일이 있습니까?”

“알겠습니다. 그런데 우리 교회는 왜 새벽기도를 안 합니까?”

“나는 새벽기도를 없앤 적이 없습니다. 언제나 교회는 열려 있습니다.”

“그래도 목사님이 와서 인도를 하셔야지요.”

“기도는 하나님과의 대화입니다. 하나님과 나 사이에 누구를 끼워 넣으면 남편과 아내 사이에 딴 남자를 끼워 넣은 것처럼 어색해지지 않겠습니까?”

"그래도 목사님이 나와서 사회하고, 순서를 정해 찬송하고 말씀 전하고 그리고 기도하는 것이 원칙 아닙니까? 그때 일천번제 헌금도 걷고."

"다니엘은 바빌론에 포로로 잡혀 갔을 때 어떻게 기도했습니까? 모여서 누구의 도움을 받고 기도했습니까? 그러나 여러분이 모여서 합심기도를 하고 싶으면 내가 다음 주부터 두 주간 매일 새벽기도 훈련을 하겠습니다."

이렇게 해서 새벽기도가 다시 시작되었다. 그러나 그때까지의 새벽기도와는 전혀 다른 형식이었다. 목사가 새벽기도 모범을 짜 가지고 왔다.

사도신경, 찬송, 교회가 드리는 기도문으로 기도, 시편 교독, 신약성경 묵상, 기도, 그리고 주기도문으로 기도하는 것으로 끝나는 것이었다.

이십 명 남짓한 사람이 둥글게 앉았고 첫날은 이인식 성도가 사회를 하였다. 교회가 드리는 기도문은 목사가 만들어 순서지에 복사해 가지고 왔다. 시편 교독이 끝나고 신약성경을 읽었다. 마태복음 5장 39-42절이었다.

"[39]나는 너희에게 이르노니 악한 자를 대적하지 말라 누구든지

네 오른뺨을 치거든 왼뺨도 돌려 대며 [40]또 너를 고발하여 속옷을 가지고자 하는 자에게는 겉옷까지도 가지게 하며……"

"이 말씀을 묵상하고 생각난 대로 말씀해 보십시오."

이인식 형제가 물었다. 모두 처음 당한 일이라 어리둥절하여 입을 여는 사람이 없었다. 침묵이 흘렀다. 그러자 어떤 학생이 입을 열었다.

"그냥 궁금해서 그러는데요. 왜 오른뺨을 때렸을까요? 때린 사람은 왼손잡이였나요? 왼뺨 때리기가 더 쉬울 것 같은데"

모두 웃고 분위기가 누그러졌다.

"저도 궁금한 것이 있어요. 왜 겉옷을 달라고 하지 속옷을 달라고 송사를 했을까요?"

모두 처음으로 성경을 보는 것 같은 느낌이었다. 여러 가지 상상한대로 이야기를 나누었다. 속옷에 대한 것은 목사가 이스라엘 풍속을 이야기했다. 아무리 가난한 사람이라도 빚을 갚으라고 송사할 때는 겉옷은 덮고 자기도 하고 일하러 갈 때 입을 옷이며 재산이기 때문에 송사해서 빼앗아 갈 수 없다는 것이었다. 그러나 예수님의 말씀은 오른뺨, 왼뺨의 문제가 아니고 예수의 제자가 된 사람은 악한 자라도 그렇게 대적하지 말라는 것이 요점이라고 말했다.

"천국은 정말 좁은 문인 것 같습니다. 그렇게 맞고 빼앗기면서
도 천국에 가고 싶은 사람이 몇이나 되겠습니까? 예수님은 너무
할 수 없는 것만 가르치십니다."

여러 말이 오간 뒤 목사가 다시 말했다.

"이것은 천국에 가기 위해서 어떻게 살아야 한다고 가르치는 것
이 아니고 구원 받고 예수님의 제자가 된 사람은 천국 백성으로
이렇게 살아야 한다고 가르치는 것입니다."

말씀 묵상이 끝난 뒤 각각 기도 제목을 내놓았다. 그 중 다섯 가
지만 골라 주제를 따라 합심기도를 하고 마무리 기도를 하였다. 이
새로운 방식의 새벽기도는 모두에게 너무 생소하였다. 목사가 하
라는 대로 하고, 기도하라면 소리 높이 외치며 울고 기도한 뒤 돌
아갈 때는 시원한 카타르시스를 느끼고 돌아갔는데 새로운 형식은
공부하는 것처럼 부담만 되었다. 싫은 사람은 점차 안 나오게 되고
또 꼭 새벽기도에 나와야 복 받는다는 신비감도 없어졌다. 그래서
수가 줄어들었다. 한편 새로운 형식에 호기심을 갖는 사람들이 자
발적으로 나오기 시작하였다.

두 주가 끝날 때 목사는 예배위원회 팀장을 선출하였다. 그로 하
여금 한 주간 동안의 새벽기도 사회자를 뽑게 하고 그 사회자는

목사가 준 순서지 초안을 따라 새벽기도를 인도하도록 하기 위해서였다. 이 일에 익숙해지자 그들은 목사에게 새벽기도를 위해 앞으로는 먼 곳에서 택시로 왔다가 버스로 돌아갈 필요가 없다고 말했다. 스스로 하겠다는 것이었다.

목사는 처음 공동의회에서 이인식 형제를 회계에서 사임시키고 새로 회계를 가장 신임이 있는 사람으로 선출하게 했다. 그리고 부회계 한 사람은 회계가 임명하고 감사 1명은 공동의회에서 뽑기로 했다. 그리고 매월 첫 주는 공동의회를 열어 한 달 동안 교회 헌금의 수지결산을 공개하도록 했다. 이래야 재정 운영이 투명해 지기 때문이라는 것이었다.

또 여섯 주의 주기도문 강해가 끝나자 목사는 이번에는 또 다른 광고를 하였다. 앞으로 누구든지 교회와 나라와 세계를 위해 교회에서 대표기도를 하고 싶다는 생각이 들면 기도 내용을 수요일까지 A4 용지에 11호 크기로 타자하여 예배위원회 팀장에게 보내주면 선별해서 기도할 수 있게 하겠다는 광고였다. 예배 때 대표기도는 누구나 할 수 있으며 특히 기도를 중언부언하는 것은 하나님을 경홀히 여기는 것이기 때문이라는 것이었다.

기도를 시험 보듯이 내용을 써서 제출하여 뽑는 것은 말이 안

된다고 교인 중에서 한 사람이 반대했다. 이것은 유창하게 글 잘
쓰는 사람만 기도할 수 있다는 말이지 않느냐는 것이었다. 그리고
기도는 성령이 시키는 대로 하는 것이지 써서 읽는다는 것이 첫째
말이 안 된다고도 했다. 그러나 목사는 꺾이지 않았다.

"기도는 자기 마음대로 하는 것이 아니고 성경에서 말하는 대로
배워서 하는 것입니다. 또 내가 유창한 기도를 뽑겠다는 것이 아닙
니다. 눈물로 침상을 띄우는 간절한 기도를 뽑겠습니다. 기도의 질
만큼 교인의 믿음은 성장하는 것입니다. 이런 대표기도를 통해 우
리가 배우고 수준 높은 기도를 하는 교인이 되고 싶기 때문입니다.
또 읽는 것이 아니라 미리미리 기도를 준비하자는 것입니다."

이 교회는 직분이 없고 모두가 평신도이기 때문에 누구나 기도
할 수가 있었다. 이렇게 되자 기도에 대해 비평하는 버릇이 없어졌
다. 자기라면 어떤 기도를 했을까를 생각하면 그 기도는 잘한 것이
었다. 그러면서 스스로 기도 준비를 하고 있기도 했다. 기도가 길
지도 않고 여러 사람이 간구하고자 했던 내용들이어서 격이 자연
높아졌다.

한 달에 한 번씩 있는 공동의회에서는 갖가지 생각들이 튀어 나
왔다. 이 교회에서 남녀 각 4명씩 복 사중창단을 구성해서 예배 때

에 찬양하고 싶다는 안이 나와 예산까지 통과시켜 준 것도 이 공동의회에서였다. 인원이 50여 명밖에 되지 않았기 때문에 거창한 찬양대를 만들 수가 없었다. 그러나 성악도 하고 취미도 있는 대학생들이 스스로 찬양 팀을 조직해서 예배를 돕겠다는데 반대할 이유가 없었다. 또 거리에 나가서 노방전도를 하자는 의견도 나왔다. 그러나 이 의견은 말이 많았다. 옛날 말이지 노방전도로 구원 받을 사람이 몇이나 되겠느냐는 것이었다. 길 가는 사람에게 유인물을 돌리는 것이나 아파트의 편지함에 전도지를 넣는 것은 음식점 광고물보다 못한 재활용 쓰레기를 늘리는 것에 불과하다고 혹평하는 사람도 있었다. 그러나 나이 든 분들은 예수님도 말씀을 뿌릴 때 옥토에 떨어지는 것은 1/4밖에 안 되었지만 계속 뿌렸다고 주장했다. 목사가 한마디 했다.

“만일 전도가 교인수를 늘리는 것이라면 중단되어야 합니다. 교회가 건물의 크기나, 교인 수나, 일 년 예산을 자랑하는 것이면 이것은 주님이 제일 싫어하는 것입니다. 우리는 하나님을 기쁘시게 하는 삶을 살아야 합니다. 교회는 그 교회 교인들의 삶을 보고 무엇이 그들을 변화시켰는지 가 보아야겠다고 생각한 사람들이 모이는 곳이라야 합니다.”

"목사님, 그렇게 해서 언제 교회를 성장시킵니까? 불신자를 마구 찔러보는 '고구마 전도왕', 한 번 물면 놓치지 않는 '진돗개 전도왕'들의 간증을 못 들어보셨습니까? 적극적인 전도를 위해 '세계 전도왕 사관학교'도 있습니다. 6주 단위로 훈련을 시켜서 5명씩 반을 짜서 불신 세계에 침투 작전을 하는 거지요."

"저는 하나님의 나라에 합당하지 않은 전투적인 용어 자체를 싫어합니다. 또 예수님이 제자들을 세상에 내보낼 때도 귀신을 제어하며 병을 고치는 능력과 권위를 주시며 하나님 나라를 알게 하고 병든 자를 고치기 위함이었지 그들이 만난 사람을 끌고 예수님께 데려오라고 하지는 않았습니다."

여러 논의 끝에 이 전도 방법은 일단 보류 되었다. 그러나 하나님의 지상명령이 전도인 만큼 전도는 끊임없이 대두되는 화제였다. 중동에 선교사를 파견하면 어떻겠느냐는 안이 나왔다. 매월 이백만 원씩 후원하자는 것이었다. 이에 대해서는 회계집사인 이인식 형제가 절대 반대였다. 현재 교인 수가 증가해서 앞으로는 2층에 있는 피아노 학원까지 임대하여 교회를 확장할 비전을 가지고 있는데 그렇게 예산 지출을 할 수 없다는 것이었다. 이인식 형제는 수완이 좋아서 새롭게 회계를 뽑았는데도 그 자리를 그대로 유지하고 있었다.

교회는 점차 인원이 늘어서 2년째는 2부 예배를 보지 않으면 안 되게 되었다. 그러자 교회의 조직이 필요하다는 말이 나왔다. 장로 두 사람을 공동의회에서 선출하고 서리집사도 임명하지 않고 30명을 공동의회에서 선출하기로 하였다. 이것은 어려운 일이 별로 없었다. 새벽기도 때의 성경 묵상이나 예배 때의 대표기도들을 통해 어느 정도 자격자들이 검증되었기 때문이다. 놀라운 것은 이인식 형제는 이때도 무난히 장로로 뽑힌 것이었다. 이제 서서히 조직이 교회를 움직이기 시작했다. 두 사람의 장로로 당회를 구성하고 집사회 회장 및 총무가 방청으로 들어와서 목사가 이 네 사람과 함께 당회를 열고 교회 행정을 상의하게 되었다. 하부에 재정, 예배, 찬양, 선교, 교육, 봉사 위원회를 두고 어설프지만 예산을 편성한 뒤 교회 재정은 그 예산 안에서 집행하게 되었다. 이때부터 각 위원회가 예산 배정을 더 받으려고 경쟁을 시작했다. 그뿐 아니라 각 위원회가 자기 나름대로 이벤트 기획을 하고 각종 행사 계획을 확대하기 시작했다. 다른 교회에서 하고 있는 모든 프로그램들을 가져오기 시작한 것이다. 찬양위원회는 유급 지휘자를 구하고 성과를 높이기 위해 단원들을 확대하여 밤늦게까지 연습시키고 또 주일에는 일찍부터 교회에 나오게 해서 예행연습을 하였다. 교육위원회는 3, 4명씩 각부 학생들을 묶어주고 축호 방문을 해서 학생수를 늘리라는 명령을 내렸다. 선교위원회는 전도단을 조직해서 주중에 몇 그룹으로 나누어 축호 방문을 하고 유명한 전도왕들의 간증에 단체로 참석을 권유하였다. 봉사위원회는 지체부자유자들을 방문하는 날을 정해 돕기도 하고 외국인 노동자들을 초청하여 축구시합을 시도하기도 했다. 그러나 인원은 부족한데 이 모든 일을 하기 위해서는 한 사람이 두세 군데의 위원회에 참여해야 하는 것은 기본이었다. 그러자 각 교인들은 고단해서 일주일에 한 번도 제대로 쉬지를 못하고 집에 가면 졸도할 정도로 피곤이 쌓였다.

천 목사는 교회의 이 행사들을 없애라고 고래고래 소리를 질렀지만 아무 효과가 없었다. 이것은 하나님이 원하시는 일이 아니다. 하나님은 엿새 동안 일하고 제 칠일에는 쉬라고 하셨다. 그런데 왜 쉴 줄을 모르고 일중독이 되느냐 하고 설득했지만 아무도 듣는 위원회가 없었다.

"주일은 쉬는 날입니다. 하나님께서 엿새 동안 일하시고 일곱째 날에 쉬시면서 거룩하게 하신 날입니다. 가족이나 종이나 가축까지도 쉬라는 날에 왜 이렇게 많은 행사를 가지고 들어옵니까? 그뿐 아니라 이 일을 평일까지도 확장해서 교회 일을 하고 직장에서도 교회 일로 전화하고 유인물을 복사해 오고하는 것은 있을 수 없는 일입니다. 쉴 틈 없이 성도들을 힘들게 하는 것은 하나님의 뜻이 아닙니다."

목사가 이렇게 말하자 곧 빗발 같은 반발에 부딪쳤다.

"목사님은 구약에서 지키던 토요일의 안식일이 지금은 주일로 바뀌었으며 따라서 주일에 안식일의 규례를 지켜야 한다고 말씀하시는 것입니까?"

"나는 비본질적인 문세로 시간을 허비하고 싶지는 않습니다. 그러나 분명한 것은 예수님은 우리가 지키지 못해 죄인이 된 율법에서 우리를 자유롭게 하시면서 자신이 돌아가신 십자가에 구약의 율법도 못 박으셨습니다. 이제 안식일에 대한 법조문이 주일에 우리를 구속할 수는 없습니다. 그러나 우리를 살리고자 하시는 생명의 법 즉 안식일이든 주일이든 구원 받은 자들이 하루를 쉬며 거룩하게 지키라는 명령은 변함이 없다고 생각합니다."

"예배도 드리지 않고 쉬면 더 좋겠네요."

"참 안식은 하나님 안에 있습니다. 하루를 거룩하게 구별하여 하나님의 임재를 깨달으며 예배하는 것이 참 안식입니다. 또 '이것이 우리와 하나님 사이에 여호와가 우리 하나님인 것을 알게 하는 표징'이라는 에스겔서의 말은 지금 주일에도 해당되는 생명의 말이기 때문에 예배는 일하는 것이 아니고 드려야 합니다."

"그 예배를 거룩하게 드릴 준비를 하는 행위를 왜 목사님은 반대하십니까?"

"행사가 지나쳐 예배를 망치고 있기 때문입니다. 성도들은 행사에 짓눌려 조용히 하나님을 만날 시간을 잃었습니다."

그러나 일단 조직이 만들어지자 다투어서 행사를 하고 교회는 천 목사가 생각하는 방향과는 점점 멀어지고 하나님과도 멀어져가는 것 같았다. 또한 점차 목사의 뜻에 반하는 기운이 감돌기 시작했다. 목사가 너무 이단 교주처럼 되어간다는 것이었다. 그래서 공동의회에서 헌금을 수납하는 은행 계좌는 목사 개인 명의는 안되며 교회 명의로 개설해야 한다고 제안해서 그렇게 통과하였다. 또 교회가 사유화되지 않고 법적 보호를 받으려면 기성교단에 속해야 한다는 주장이 있었지만 교단에 속하는 것은 교회가 아직은 초창기이며 교단에 속하면 정치적 집단이 되기 쉽다는 것 때문에 일단 보류 되었다.

교회를 시작한 지 2년이 다 되어 갈 때 천 목사에게 문제가 생겼다. 그의 절친한 친구가 미국에서 교회를 시작했는데 임파선 암으로 입원할 일이 생겼다. 교회가 말썽이 있어 분열 직전이었는데 이런 병이 걸린 것이다. 그래서 천 목사가 2개월 정도만 꼬박 도와주었으면 좋겠다는 간절한 부탁이 왔다. 당회에서 이야기를 했더니 이제 교회는 어느 정도 기반을 잡았으므로 다녀와도 좋겠다고 말했고 특히 이인식 장로는 정말 걱정하지 말라고 간곡히 말하며 2개월 정도 교회를 비워도 된다고 말했다. 그래서 천 목사는 대학에 있는 교수나 기관 목사들에게 자기가 빈 주일의 설교를 맡기고 떠나기로 했다.

교회 회게는 자기 인감 도장과 함께 이인식 장로에게 맡기고 예산대로 집행하라고 말한 뒤 미국으로 떠났다. 미국의 친구는 비호치킨 종양이었는데 다행히 수술이 잘되어 육주 만에 화학요법으로 퇴원하게 되었다.

천 목사는 두 달이 채 안 되었는데 한국의 찬양위원회 팀장으로부터 자기네 교회가 급매물로 나와 다른 목사에게 팔린 것 같다는 이상한 메일이 와서 급하게 귀국하였다. 과연 교회는 딴 목사에게 더 많은 값으로 팔려 있었다. 천 목사가 전세계약을 한 삼층은 그냥 비어 있었고 피아노 학원을 하고 있던 이층을 새로 계약하여 교회

건물로 쓰고 있었다. 이인식 장로는 아주 태연하게 천 목사가 체결한 삼층의 전세계약은 만기가 되면 목사에게 전세금을 돌려줄 것이라고 말했다. 그런 조건으로 이 교회를 급매물로 팔았다는 것이었다.

"그건 사기가 아닙니까? 내 인감 도장을 도용해서 교회를 판 것이 아닙니까?"

이인식 장로는 케이크를 사 들고 천 목사의 집으로 저녁에 찾아왔다. 그리고 무릎을 꿇고 머리를 조아리며 사죄하였다. 그의 이야기는 다음과 같았다.

천 목사가 소송하면 자기는 감옥에 갈 수 밖에 없다. 그러나 이것은 다 교회를 성장시키기 위한 하나님의 일이다. 새 목사가 2억을 들고 와 교회에 투자하겠다는데 어떻게 거절할 수가 있겠는가? 또 교회가 사유화되어 있다고 교인들의 불만이 많아서 어쩔 수가 없었다. 그래서 차제에 우리 교회도 한국 독립교회 및 선교단체 연합회에 교회 가입 신청서를 제출했고 공동의회 결의서 및 교인연서 날인 동의서도 이미 만들어 보낸 바 있다. 새 목사가 그런 일에는 능통해서 모든 서류를 갖추었다. 이제는 연합회에서 실사 팀이 와서 보기만 하면 끝난다. 천 목사도 하나님의 일을 하는 분이 아닌가? 이번 일만 용서해 주면 교회는 교회대로 더 확장되고 천 목사도 투자한 돈을 건물 3층의 대여기간이 만료되기 전에라도 찾아가면 되는 일인데 용서할 수 없는가? 이 일로 누구에게 금전적으로 피해를 준 일이 없다. 다만 천 목사의 허락 없이 이 일을 한 것이 잘못일 뿐이다.

"이제는 연합회에 교회 등록을 했으니 급매물로 교회를 파는 일은 없겠군요?"

"목사님, 용서해 주시는 것입니까? 정말 그런 일은 절대 없습니다. 하나님의 일에 열심이다 보니 그리 되었습니다."

"그럼 3층은 다시 내가 빌려 교회를 하나 시작하면 어떨까요? 하나님은 교회가 많이 생길수록 좋아한다고 생각하지 않으세요?"

"설마 신앙 좋으신 목사님께서 그러지는 않으시겠지요? 우리 교인 다 빼가서 복수하시겠다는 겁니까?"

"다른 사람은 안 빼오겠습니다. 다만 유능하신 이인식 장로만은 꼭 빼와야겠다고 생각하는데 어떠십니까?"

"무슨 그런 말씀을 하십니까?"

"진심입니다. 이 장로를 빼와야 그 교회가 살 것이기 때문입니다."

이렇게 해서 급매물 교회 사건은 끝이 났다.

장로 노이로제

안수집사인 김범인은 교회가 두 달 후에 장로를 뽑겠다는 광고를 하자 갑자기 가슴이 뛰면서 머리가 아프고 현기증이 왔다. 이번에는 장로를 선출하는 방법을 달리 해서 당회와 안수집사회 전원이 공천위원이 되어 장로 후보를 2배수로 공천하고 그 중에서 공동의회를 통해 일곱 사람만 장로를 뽑겠다는 광고였다. 투표에 앞서 공천위원회가 모였다. 공천을 하려면 어떤 원칙이 있어야 한다. 예수교 장로회 헌법에 의하면 장로는 "상당한 식견과 능력이 있고 무흠 입교인으로 7년을 경과하고 30세 이상이 된 자로서 디모데전

서 3장 1-7절에 해당한 자라야 한다.”로 되어 있다. 그런데 이 조항
으로는 사람을 선별하는데 너무 모호하다. 디모데전서 3장 1-7절만
해도 그렇다. 선한 일을 사모하는 자, 책망할 것이 없으며 절제하
며 신중하며 단정하여 나그네를 대접하며 가르치기를 잘하는 사람.
……

이렇게 되어 있는데 이것이 어떻게 구체적인 공천 기준이 되겠
는가? 그래서 공천위원회에서는 이 문제로 왈가왈부 하느라 많은
시간을 낭비하였다. 어떤 이는 잠언에 보면 “듣는 귀와 보는 눈은
다 여호와께서 지으셨다.”고 했으니 하나님께서 주신 귀와 눈을 가
진 우리가 듣고 본 것을 통해 사람을 판단하면 된다고 말했다. 그
러나 그것은 너무 주관적이어서 누구나 판단할 수 있는 객관적인
자를 가져야 한다고 말하는 사람이 생겼다. 그러자 한 나이든 장로
가, 뻔한 것을 뭘 그렇게 오래 논의하느냐고 말하면서 첫째, 주일
성수할 것. 둘째, 십일조 정직하게 낼 것. 셋째, 새벽기도 열심히
할 것. 이것이면 충분하다고 말했다. 이에 대해 한 안수집사가 말
했다. 이것은 다 행위에 관한 것인데 하나님께서는 믿음을 보시지
행위를 보시느냐고 말하며 그런 조항은 장로 후보자 선정의 기준
이 될 수 없다고 말했다. 이런 선정 기준 때문에 공천위원회는 따

로 토요일 오후를 잡아 저녁 식사를 하고 밤을 새워 토론했는데 아무런 결론을 얻지 못했다. 목사가 거들었다. 그때까지 충분히 의견을 내고 논의 했으므로 어떤 후보자를 원하는지 모두가 잘 알게 되었으리라고 생각한다고 말한 뒤 장로회 헌법에서 정한 장로의 자격을 추천의 원칙으로 하고 그때까지 논의한 것을 감안해서 후보자 선정을 하자고 제안했다. 모두 결론 없는 토론에 싫증도 났고 또 구체적인 사족을 다는 것보다는 그 원칙이 공동의회 앞에 공천위원회의 품위를 유지하는데 오히려 낫겠다는 생각으로 그리 하기로 하였다.

이 회의에 참석하고 온 김범인 집사는 권사로 있는 아내 박사라에게 이번 기회에 교회를 옮기는 것이 어떻겠느냐고 말했다.

"그건 안돼요."라고 아내인 박 권사는 즉각 반대하였다. "이곳이 겨우 우리 교회가 되었는데 안수집사와 권사가 되어 다른 교회로 옮긴다는 것은 말이 안돼요. 그건 남의 교회 아녜요?"

그러나 김범인 집사는 평소에 교회에 회의적인 사람이었다. 교회 옮기는 것이 대수냐? 교회에서 마음의 평안을 얻지 못하면 옮겨야지, 이런 생각이었다. 그는 어떻게 해서 안수집사까지는 되었지만 그것 때문에 떠맡겨진 일도 많고 또 다른 교인들의 보는 눈도 있어 그것이 늘 부담스러웠다. 결혼하면서부터 아내를 따라 교회를 나온 그는 교회의 모든 의식들이 생소하고 거부감이 들 때가 많았다. 교회에서 새 신자 교육을 받고 세례를 받아 이십 년 가깝게 교회 생활을 하면서 교회란 무엇인가를 많이 생각하게 되었다. 밖에서 보는 교회와 안에서 보는 교회는 시각차가 컸다. 교회란 거룩한 곳, 설교 말씀 듣고 마음에 안식을 얻는 곳, 아픈 상처가 치유 되는 곳, 선한 사업을 하는 곳이라는 막연한 생각을 해왔는데 이런 생각은 시간이 갈수록 희미해졌다.

첫째, 거룩한 곳이라는 생각이 말끔히 사라졌다. 세상보다도 시기와 질투가 많았으며 구역예배 등을 통해 남의 가정사를 하나하나 알게 되어 말이 많았다. 또 신앙의 선배라고 권위를 세우며 자기 신앙기준에 따라 다른 사람을 비난하고 무시하고 자기가 받은 방언의 은사 등을 과시하기가 일쑤였다. 둘째, 설교도 다 은혜롭고 마음에 안식을 주는 것이 아니었다. 점점 신앙생활을 불안하게 하며 가치관에 많은 갈등을 야기했다. 김범인은 '교회란 삶에 보람을 찾고 지친 삶에 기쁨과 꿈을 주는 곳'이라는 꽤 낭만적이고 이상적인 생각을 하고 있었다. 그런데 설교는 들을수록 목을 옥죄는 괴로움으로 다가왔다. 자기가 하는 것은 모두 거듭나지 못한 세상 사람들이 하는 짓이라는 생각을 주입해서 마음의 평안보다는 죄의식이 자기를 눌러서 절망감을 가져왔다. 교회는 그 공동체를 유지하기 위해 권위의 말씀을 통해 교인들을 양순한 양으로 세뇌공작을 하고 있는 것 같았다. 설교 말씀대로 따라 살려면 직장을 그만 두고 교회에 충성하며 교회에 와서 살아야 하는 것이었다. 세상에는 장사하는 사람이 있고, 연구원이 있고, 의사가 있고 방송인……이 있어서 살기 좋은 세상을 만들고 문화생활을 하도록 하고 있는데 이 사람들은 세속적인 일을 하는 무가치한 인간으로 내몰고 그들은 구원을 받으려면 꼭 교회의 스케줄에 맞추어 생활해야 한다고 강요하고 있었다. 목사는 이들이 교회에 매달려 살아야 하며 교회에 충성하지 않으면 하나님께 충성한 것이 아니기 때문에 이것은 우상 숭배라고 타도한다. 그래서 김 집사는 일상의 생활이 교회에 다니게 되면서부터 리듬이 깨지고 계속 갈등으로 엉망이 되었다.

교회는 경건해야 한다는 것 때문에 요구하는 것이 많았다. 음주 흡연은 금물이며, 하루는 새벽기도로 거룩하게 시작해야 하며 교회의 집회에는 부득이한 경우를 제외하고는 참석해야 하며 노방전도에 참여해야 하고, 직분자는 단기선교에 참여해야 하며 교회의 프로그램을 적어도 하나는 맡아 충성해야 했다. 김 집사는 어쩌다

의사 동료들과 함께 술자리에 가면 술을 안 마시는데도 죄책감을 느껴야 했고, 응급환자로 교회를 빠지는 일이 있을 때도 불안하고 행복하지 않았다. 무엇보다도 아내가 그것을 용서하지 않고 못 견디는 것이었다. 다른 교인에게 본이 되지 않기 때문에 자기가 부끄럽다는 것이었다. 개업의開業醫란 이만저만 바쁜 것이 아니다. 아침부터 저녁 늦게까지, 그리고 월요일부터 토요일 오전까지 손을 쉴 수가 없다. 그런데 수요일 밤에는 아내가 자기는 교회에 나가기 때문에 가능한 빨리 와서 학원에 간 딸을 데려오라고 한다. 토요일 오후는 성가 연습을 나가서 야식을 할 때가 많아 밤늦게 돌아온다. 결국 그들은 가정생활이라는 것이 없었다. 교회에서도 아내 박 권사는 맡은 직분이 많아 한 자리에서 함께 앉아 예배도 드릴 수 없었다. 따라서 귀가 시간도 같지 않았다.

"꼭 그렇게 바쁘게 일을 해야 하는 거야?"

그러면 아내는 말 했다.

"예수님의 지상명령이 무엇인데."라고 하면서 "그러므로 너희는 모든 족속으로 제자를 삼아 아버지와 아들과 성령의 이름으로 세례를 주고 내가 너희에게 분부한 모든 것을 가르쳐 지키게 하라."라는 성경 말씀을 인용한다. "우리는 주님의 나라를 확장하라는 명령을 받은 주의 군병이란 말이요 충성스런 종이 되어야 해요.”

땅에 발을 딛고 하늘나라를 우러러보며 천국의 가치관대로 살아야 하는 기독교인은 괴로울 수밖에 없다.

“그렇게 해야 구원 받고 천당에 가는 거요?”

“구원은 별개지요. 예수를 영접하고 그 이름을 믿으면 다 구원은 받은 것예요. 다만 구원 받은 사람이 고난을 이기고 그에 합당하게 사는 삶을 살아야 하는 것은 의무에요.”

“그런데 당신은 너무하는 것 아니요? 마치 당신은 혼자 도맡아 지상명령을 잘 수행하는 사람이요 다른 사람은 그러지 않은 사람처럼 생각하는 것 같아요. 그러나 다른 사람도 자기 나름대로 가정생활 충실히 하면서 예수님의 제자로 살고 있다고 생각해야 되는 것 아니요?”

“세상과 하나님은 함께 섬길 수 없어요. 세상에도 잘하고 하나님께도 잘하는 줄타기 신자는 참 신자가 아니란 말입니다.”

“예수를 구주로 믿는 신도가 800명이 넘는 이 교회에서 그럼 참 신자는 누굽니까? 당신 같은 광신자만 참 신자요?”

“구원의 약속은 받았지만 천국에서 상은 없겠지요.”

“엘리야가 호렙 산 굴에 숨어서 이스라엘 백성이 선지자들을 다 죽이고 오직 자기만 남았다고 말했을 때 여호와께서는 이스라엘 가운데 바알에 무릎을 꿇지 아니한 자 칠천 명을 남겨 두었다고 했는데 그 칠천 명은 그때 어디 있었나요. 이름 없이 밖으로 드러나지 않은 그들은 하나님의 백성이 아니었을까요?"

김 집사는 평소의 불만을 아내에게 털어놓았다.

전도하는 사람과 선교사와 목사와 교회에 충성하는 사람만 하나님의 백성이 아니다. 예수를 믿고 예수의 말씀에 순종해서 살려고 하는 모든 신자는 하나님의 백성이다. 왜냐면 예수님의 다스림을 받는 백성이기 때문이다. 또한 주님은 세상에서 자기가 다스리는 이런 백성이 확장되기를 기뻐하신다. 교회를 세우고 빈자리를 채워 놓으면 그것이 하나님의 백성인가? 단기선교로 찬양하고, 성극 보여주고 선물 공세를 하고 오면 천국 백성을 늘리고 오는 것인가? 오직 그들을 통해 예수님을 참으로 만난 몇 사람만 천국 백성이라고 불릴 수 있을 텐데 그것이 하나님이 원하시는 일일까? 참으로 천국의 확장을 원한다면 그 나라의 문화에 동화해서 그곳에서 살며 그곳 사람들에게 하나님의 사람의 본을 보여서 함께 하나님의 백성으로 살 때 하나님의 나라는 확장되는 것이 아닐까?

그런데 교회에서는 모두 자기만 하나님의 일을 하고 있다는 자기기만에 빠져 있다.

"당신이 그렇게 본을 보이면 되지 않아요?"

"먼저 장로가 되지 않는 것이 내게는 본을 보이는 것이오."

"당신은 교회 개혁에는 당당하게 맞서지 못하고 교회를 떠나자고 하고 있지 않아요? 난 당신의 본심을 아는데 첫째 공천되지 못해 부끄러움을 당할까 두려운 것이지요? 그리고 비록 공천이 되었다 하더라도 낙선될까봐 또 두려운 것 아니에요? 그래서 다른 교회로 떠나자고 하는 것 아니냐구요?"

"아니요. 다른 모든 것은 두렵지 않아요. 나는 장로가 될까봐 걱정하는 거예요. 장로가 되면 교회의 꼭두각시가 되는 거요. 정말 하기 싫은 비본질적인 일을 믿음의 본질처럼 남에게 과시하고 다녀야 한다구요."

김범인 집사는 자기가 아직도 기독교 문화에 익숙하지 못해 헤매고 있는 것이라고 스스로 생각했다. 모두 장로가 못되어 안달인데 왜 자기만 장로가 될까봐 미리 걱정하고 노이로제에 걸려 있는가? 누가 자기를 장로 만들어 준다고 확약이라도 했다는 말인가?

왜 장로 선거를 생각만 해도 가슴이 떨리고 잠이 안 오는가? 이 증상은 안수집사가 되었을 때도 있었다. 그가 안수집사가 된 것은 권사인 아내 때문이었다. 십일조나 기타 각종 헌금, 선교후원금 등은 아내에게 맡겨놓고 싸우지 않기로 되어 있었다. 그는 교회에 출석하되 병원 일에 방해가 되지 않으면 무엇이나 협조할 생각이었다. 자기 몸으로 뛸 수 없는 대신 물질적인 후원은 아끼지 않았다. 그러나 병원 시간을 빼고 나가는 활동은 병적으로 싫어하였다. 비록 저녁 늦은 시간이라도 몸이 피곤하면 다음날을 위해 집에서 쉬는 편이었다. 이런 원칙 하에서 물질적인 깃은 아내에게 맡기고 그동안 자기주장대로 편안하게 교회 생활을 해왔다. 그런데 그가 안수집사가 된 것이다. 그것은 순전히 자기가 교회에 낸 돈 때문이라고 생각했었다. 안수집사가 된 후로 책임질 일이 많아졌다. 남선교회 회장도 해야 하고, 주일학교 부장도 해야 하며, 안수집사 모임, 안수집사 기도회도 참석해야 하고 헌금위원도 했어야 했다. 이것은 김 집사에게는 엄청난 일이고 변화였다. 무엇에나 책임감이 강하고 철저했던 그는 맡겨진 일을 소홀히 할 수가 없었다. 따라서 병원 일과 이 모든 일을 감당하기는 너무 어려웠던 것이다. 주일학교 부장을 하려면 먼저 교사들에게 그가 본이 되어야 했다. 본이 된다는 것은 새벽기도도 나가고 교사 수련회도 참석하고, 주일학교 학생 배가를 위해 교회 주변의 축호 방문도 해야 하고, 또 교사가 요청하면 교회에 잘 빠지는 학생의 집을 그들과 함께 방문해서 무슨 권고의 말을 하고 기도를 해야 했는데 이것은 김 집사가 결코 기쁘게 할 수 있는 일이 아니었다. 주일은 좀 집에서 쉬어야 하는데 이런 일들은 그를 파김치가 되게 하는 일이었다. 그때까지 김 집사는 병자를 고치는 일을 자기 본업으로 생각했는데 이제는 본업에 충실할 수 없게 된 것이다. 그런데 교회에서는 세상일이 절대 본업이 될 수 없다고 윽박지른다. 마지막 날 하나님 앞에 설 때 살아 있는 동안 무슨 일을 하고 있다가 왔느냐고 물으면 하나님의 일을 제쳐 놓고 세상일을 하고 왔다고 하면 안 된다는 것이다. 그것이 김 집사를 괴롭혔다. 그가 기쁘게 하고 싶은 일은 병자를 돌보는 일이다. 그것은 피곤한 줄을 모른다. 그러나 집사로서 하는 일은 의무감 때문에 억지로 하는 일이었다.

드디어 공천 된 장로를 발표하는 주일이 다가왔다. 그는 너무 가슴이 떨려서 장로 후보자를 최종 추천하는 공천위원회도 참석하지 않았고 그날 주일에 교회도 나가지 않았다.

저녁 때 혼자서 교회에 다녀온 아내 박 권사가 말했다.

"전, 교회에서 부끄러워서 고개를 들지 못했어요. 장로 후보자 공천에 당신 이름이 올랐는데 정작 본인은 교회 출석도 않으니 이게 뭐예요. 자기 이름이 안 올랐다고 불평하는 사람도 많은데 당신은 감사할 줄도 모르니 한심스러워요. 이건 당신을 존경하는 사람들을 배신하는 행위예요."

"실망하면 다음엔 부표를 던지겠지요. 하나님의 저울로 달아보면 나는 기준에 미치기는 어림없는 사람입니다."

"교회도 연조가 쌓이면 십사, 안수집사, 장로…… 이렇게 올라가야지 제자리에 머물러 있으면 교회 마당만 밟고 다니는 교인처럼 우습잖아요?"

"권사님이 왜 그러실까? 장로는 계급이 아니고 하나님께서 은사를 따라 주신 직분이 아니요? 은사는 주님의 몸을 섬기기 위해 모든 사람에게 주는 것이기 때문에 장로가 된다고 특별히 다를 것이 없다고 생각하는데."

"그래도 장로는 기업체에서 최고경영자 같은 그런 자리가 아니요? 교회를 다스리거나 대외적인 조직에 참여하려면 적어도 그런 명함은 가져야 한다고 생각 안 되세요?"

"선교사를 많이 파송하는 교회에서 <선교위원장 장로 XXX>,
<세계 XXX 선교회 회장 장로 XXX>, <전국 남선교회 총무 장
로 XXX>, ……이런 거 말이요?"

"그것도 하나님의 일을 크게 하는 거죠."

"아무튼 나는 장로가 싫습니다. 조직, 법, 제도에 얽매어 있으면
나는 숨을 쉴 수 없을 것 같아요."

"그건 당신의 열등 콤플렉스에서 오는 것 아니요?"

일주일이 지나서 이제 장로 투표하는 주일이 왔다. 김 집사는
이날도 교회에 나가지 않았다. 다시 말하면 주일성수를 안 한 것
이다. 아무리 자기에게 이롭게 해석해도 기독교인으로서 이것은
십계명을 어긴 것이며 하나님의 말씀에 불순종한 징계를 받을만
한 일이었다. 김범인 집사도 마음 한편이 편한 것은 아니었다. 가
족이 다 교회에 갔는데 자기만 혼자 남아서 골프를 치러 간 것도
아닌데 성도들과 함께 예배를 드리지 못하니 괴로웠다. 그는 성경
을 펴놓고 앉아 있었다. 목사가 설교를 하는 시간에 그는 성경을
펴서 에스겔서를 읽었다. 47장에 이르러 하나님의 성전에서 생명
수가 흘러나오는 환상을 에스겔이 보는 내용을 읽게 되었다. 성전

동쪽의 문지방 밑에서 흘러나온 물이 동쪽으로 흐르다가 남쪽을 향해 사해 쪽으로 흐르고 있는 것을 보았는데 에스겔을 인도한 천사가 천척을 측량한 후에 그에게 건너게 하니 물이 발목에 이르고 이와 같이 천척마다 건너게 하니 물이 무릎에 오르고, 허리에 오르고 그리고 드디어는 건너지 못할 강이 된 것을 묘사한 내용이었다. 이와 같이 이스라엘을 축복하는 생명수의 강이 사해까지 흘러 들어가며 그 물로 바닷물이 되살아나며 이 물이 흐르는 각처에 만물이 살아나는 것을 묘사하고 있었다. 김 집사는 분명 하나님께로 비롯된 축복의 생수가 자기 마음속 깊숙이에도 차고 넘쳐오는 것을 느끼기 시작하였다. 이상한 일이었다. 하나님을 모르던 이전 상태의 자기가 점차 넘치는 성령으로 지금은 가득 차는 것을 느끼게 된 것이다. 그것은 지금까지 경험하지 못한 감격이었다. 그러면서 하염없이 눈물이 흐르기 시작했다. 이때 그는 하나님의 음성을 분명 들었다.

"범인아, 네가 나의 일을 하고 싶으냐?"

"그렇습니다, 주님. 그러나 병원에 매어 있는 이상 아무 일도 할 수 없습니다. 그래서 괴롭습니다."

"걱정하지 마라. 나의 일은 곧 나를 믿는 것이다."

이번에 김범인은 그 말이 무슨 말이냐고 따져 묻지 않았다. 그가 요한복음 6장을 읽으면서 예수를 찾아 가버나움까지 간 무리들이 그들이 어떻게 하여야 하나님의 일을 할 수 있느냐고 물었을 때 예수님께서 자기를 믿는 것이 하나님의 일을 하는 것이라고 했을 때 "무슨 말입니까?"를 몇 번 되뇌어 물었었다. 그러나 이번만큼은 모든 것이 투명하게 느껴지게 된 것이다.

"예, 그렇게 하겠습니다."

하고 마구 눈물을 흘렸다. 그 눈물은 하나님께서 자기를 위로해 주신 말씀 때문이었다. 교인들과 함께 예배를 드리지 못하고 홀로 있는 괴로움과 병원 일을 소홀히 하지 못해 교회 일에 성실하지 못한 갈등에 대한 주님의 위로 때문에 흘린 눈물이었다. 왜 주님을 온전히 믿지 못하고 홀로 모든 일을 해결하려고 노력했는지 자기가 어리석었다는 생각을 하게 되었다.

"나를 믿어라. 나에게 너를 맡겨라. 내가 너를 인도하겠다."

라는 말씀이 아니고 무엇이겠는가? 새벽기도에 나가라고 하면 "예" 하고 나가면 된다. 하나님께서는 내가 그 일을 감당할 수 있다고 영력을 주실 것이다. 잠 못 자서 어떻게 되는 것이 아니다. 주께서 판단하셔서 "오늘은 쉬어야겠다."라고 하시면 죄책감 없이 쉬면된다. "네가 환자 돌보는 것을 그토록 좋아하는 것은 내가 그런 은사를 너에게 주었기 때문이다. 병원 일에 충성하는 것이 나의 일이다."라고 하면 기쁘게 할 것이다. "제가 교회에서 맡은 일을 감당할 은사도 주십시오."라고 기도하면 주께서 그분의 뜻을 따라 또 그런 은사도 주실 것이다. 그분을 믿기만 하면 된다. 왜 온전히 나를 맡기고 주를 믿지 못했는가?

주와 같이 길 가는 것 즐거운 일 아닌가
우리 주님 걸어가신 발자취를 밟겠네
한 걸음 한 걸음 주 예수와 함께
날마다 날마다 우리 걸어가리.

어린아이 같은 우리 미련하고 약하나
주의 손에 이끌리어 생명 길로 가겠네. ……

마구 찬송이 쏟아져 나왔다. 김 집사에게는 있을 수 없는 일이었다. 교회에 대한 열성분자들이 저 잘 보이기 위해서가 아니라 하나님의 강권하심으로 사랑의 수고를 하고 있다는 생각이 드는 것이었다. 새로운 눈이 뜨여서 모든 것이 새롭게 보이기 시작했다.

교회에서 늦게 돌아온 아내가 말했다.

"당신 오늘 교회에 안 나와서 무슨 일이 있었는지 알아요?"

"무슨 일이 있었는데?"

"장로 피택에서 부끄럽게 당신은 낙선한 것이요. 그래 원대로 낙선하니 기뻐요?"

"여보, 그보다 더 기쁜 일이 있어요."

"뭔데?"

"이제부터는 내가 주님 말씀을 순종하고 잘 살기로 했어요."

"그래요? 그럼 지금부터는 성수주일 잘하고, 새벽기도도 잘 나가겠네요. 교회도 안 떠나고, 내 말도 잘 듣고……"

"아니 당신 말을 잘 듣는 게 아니라. 주님의……"

"됐어요. 완전히 거듭나셨네요. 이제 나도 신앙생활 제대로 할 수 있게 되었네요. 그렇게 되게 해 달라고 얼마나 기도 했는데 하나님께서 이제야 들어 주셨네요. 이세부터는 애들 좀 맡아 주세요 나 교회 활동 좀 제대로 하게."

그러면서 박사라 권사는 안방으로 들어가 버렸다.